PERIODISTAS SIN MIEDO
IV

LIBRO DOCUMENTAL

NORMA ESTELA FERREYRA

AÑO DEL COPYRIGHT 2012
ISBN 978-1-4717-3497-7

4

Dedico este libro, a las Madres de la plaza de Mayo y a quienes lucharon y fueron muertos o desaparecidos por la dictadura militar de 1976-2003

Terrorismo financiero al alza: los millones que faltan en el Sur hambriento

01.06.12 - Mundo
Joan Buades
Investigador de ALBA SUD y miembro del GIST
Adital

Mientras que nunca había habido en el Planeta tantos humanos pasando hambre (uno de cada siete, ¡más de 1.000 millones de personas!), Jean Ziegler, uno de los pocos suizos honorables, actualmente asesor de los programas de alimentación y de derechos humanos de la ONU, no se cansa de recordarnos que "el hambre no es una fatalidad, es un asesinato" que tiene unos beneficiarios claros, como el Deustche Bank, Goldman Sachs y otros "carroñeros" neoliberales. Incluso, los alimentos básicos están en manos de una economía de casino como si las necesidades de nutrición de enormes masas humanas fueran irrelevantes.

Entre los "detalles" que no aparecen en los medios de comunicación estándar y que permiten explicar el porqué de las cosas está la balanza fiscal negativa del Norte con el Sur. Quiero decir, la paradoja de que el Sur empobrecido mayoritario del Planeta subvencione, cada vez más, la minoría rica del Norte. A pesar del muro de obstáculos desinformativos que erige el cártel del régimen neoliberal (desde el FMI al Banco Internacional de Pagos pasando por la Banca Mundial o el G20) para que los principales perjudicados, los cientos de millones de desposeídos en situación crítica en todo el mundo, no sepan nada, comienzan a acumularse pruebas serias de cómo se perpetúa este terrorismo económico que tiene como efectos colaterales permanentes el hambre y la emigración de capital social básico del Sur.

Una primera pregunta relevante es de cuánto estamos hablando. Según el Center for International Policy, un prestigioso think tank independiente con sede en Washington DC, los flujos de dinero ilícito que se van del Sur hacia el Norte tendría un volumen anual entre siete y ocho veces superior a toda la ayuda oficial al desarrollo. En 2008, el volumen de dinero negro que salía del Sur para engordar el Norte oscilaba

8

entre los 859.000 miliones y 1,06 biliones de dólares. La ayuda oficial al desarrollo fue en 2011 de apenas 133.500 miliones de dólares. Visto de otro modo, supone perder ingresos equivalentes a tres veces las remesas de dinero que los 215 millones de emigrantes en el Norte envían a casa, 372.000 millones de dólares el año pasado. Para el caso de África, el continente más empobrecido y con más personas hambrientas, entre 1970 y 2008 el Norte le habría extraído entre 854.000 millones y 1,8 billones de dólares. Con esta suma fabulosa, los africanos no sólo habrían podido cancelar su deuda externa total (de unos 250.000 millones de dólares en 2008) sino que, en el cálculo más conservador, les habrían sobrado 600.000 millones de dólares para erradicar el hambre, reducir pobreza y buscar sistemas de vida ecológicamente sostenibles con bienestar social para todos. La tendencia, por si fuera poco, es el incremento de esta rapiña: los flujos ilícitos hacia el Norte pasaron de 57.000 millones de dólares la década de los 70 a los 437 mil millones entre el 2000 y 2008.

¿Es la ciudadanía corriente del Norte, sin embargo, la gran beneficiaria de ese dinero robados en el Sur? En ningún caso, basta ver qué pasa en lugares como Grecia, Portugal, Irlanda, Italia o España. Con la excusa de la crisis, su ciudadanía se encuentra acosada con políticas de ajuste estructural neoliberal que hace pocos años sólo parecían reservados a Corea del Sur, México o la Argentina del corralito. La tendencia es que estos estados colapsen fiscalmente por la imposibilidad de poder devolver la deuda que les han endosado, como avisa para el caso griego la ong Tax Research, sostenida por las Trade Unions británicas.

Entonces, ¿quién se lleva los millones perdidos del Sur? Se acumulan las evidencias que quien hace caja son las grandes corporaciones transnacionales. Basta recordar que las 10 primeras a nivel mundial mueven más dinero que la India y Brasil juntos. Hace poco, desde Eurodad, una red independiente de vigilancia sobre la deuda y el desarrollo, se detallaban los múltiples trucos que utilizan las transnacionales para hacer ingeniería contable y evadir impuestos tanto en el Sur como en el Norte. Una de los más productivos es el maquillaje de los números a base de transferir artificialmente cantidades importantes a filiales localizadas en estados o regiones con fiscalidad baja o casi inexistente. En otro extremo, se pueden inventar facturas de compra-venta falsas para evitar pagar impuestos. Así, se calcula que entre el 45 y el 50% de las transacciones internacionales están hinchadas en más de un 10% para aumentar el provecho gracias al diferencial fiscal entre unas regiones y otras del Planeta, siendo África el área donde esta manipulación contable alcanza su cenit.

Este desnivel de recaudación afecta muy especialmente del hemisferio sur. La razón es que mientras los estados de la OCDE (el club de los más ricos) tienden a mantener un nivel de impuestos equivalente al 35% del PIB, en los estados menos desarrollados suele ser mucho más bajo. En África subsahariana, por ejemplo, apenas representa el 18%. Así, al recaudar muchos menos impuestos de media que el Norte, el Sur sufre mucho más acusadamente la evasión fiscal de las corporaciones. Obviamente, el coste en desarrollo humano y en capacidad de alimentación suficiente para toda la población de este robo es enorme.

El punto clave, en este contexto, es que las corporaciones no actúan, en realidad, de manera "pirata" sino que no hacen más que utilizar una "patente de corso" otorgada por el régimen neoliberal. Como corsarios, pueden sortear las haciendas públicas del Sur y del Norte domiciliando buena parte de sus flujos financieros en un archipiélago de paraísos fiscales que tiene en la City de Londres y en Wall Street sus zulos más letales. Así, el 21% de las filiales de las 50 primeras transnacionales europeas están domiciliadas en paraísos fiscales. De las 100 primeras compañías en la Bolsa de Londres, 98 tienen sociedades localizadas en el archipiélago corsario. Christian Chavagneux, redactor en jefe de la revista Économie Politique, avisa que la crisis financiera global ha exacerbado esta deriva parasitaria de las corporaciones hacia los paraísos fiscales. Mientras los EEUU han visto reducir notablemente su atractivo como destinatario del ahorro mundial, estados canallas como Luxemburgo acaparan activos financieros equivalentes a 2.285 veces la riqueza nacional. Por tanto, si realmente queremos ayudar a eliminar rápidamente el hambre en el mundo y hacer que haya justicia social entre el Norte y el Sur, se impone poner en primer lugar de la agenda social y política el fin de los paraísos fiscales. Con el fin de abolir los "derechos" neoliberales de corsarismo en favor de corporaciones como UBS, Repsol o Sol Meliá, la prioridad es eliminar el secretismo, exigir la transparencia financiera de las corporaciones, haciendo que todo el mundo sepa qué declaran en todos los países en los que operan directamente y a través de sus filiales. Entre las buenas noticias de los últimos tiempos, sin duda está la vertebración de una cada vez más visible y poderosa coalición mundial de organizaciones sociales independientes a favor de eliminar los paraísos fiscales para ayudar a las poblaciones humanas más vulnerables. En un contexto mundial tan potencialmente apocalíptico, establecer este tipo de conexiones y coaliciones es la mejor semilla para la esperanza.

Argentina: Una muestra explica cómo fue la complicidad de la sociedad civil con los crímenes de la dictadura

MARTES, 5 DE JUNIO DE 2012

PRIMERA FUENTE

Investigadores bonaerenses que trabajan en los ex centros clandestinos de detención enfocaron la etapa del Operativo Independencia. Un informe sobre la manera en que La Gaceta transmitió los sucesos.

En los aberrantes crímenes cometidos por el terrorismo de Estado durante la última dictadura, hubo sectores de la sociedad civil que colaboraron y fueron cómplices de la masacre, o al menos del silencio que se mantuvo acerca de lo que estaba sucediendo en los centros clandestinos de detención. Hoy esos lugares se convirtieron en baluartes de la memoria y de la investigación, donde se vuelve a revisar la historia reciente. Entre las iniciativas nacidas a partir de esas investigaciones, figura la denuncia pública de la complicidad civil, según explicó Jorge Pedregosa, integrante del equipo que trabaja en el Ex Centro Clandestino de Detención y Extermino (CCDTyE) "Olimpo".

"Estábamos acostumbrados a los escraches a los milicos. Ahora estamos comenzando a trabajar con el escrache a la sociedad civil que fue parte de la represión: a los grupos económicos, a la iglesia, a los medios, y dentro de ese contexto se armó una muestra en relación al Operativo Independencia y a la complicidad civil. Uno de los medios cómplices fue La Gaceta", afirmó Pedregosa -nieto del poeta Juan Gelman-, que

14

vino a Tucumán a presentar la exposición. Conformada por una serie de banners con imágenes y texto sobre el accionar genocida en esta provincia, y cómo era transmitida esa información en el diario, la muestra será habilitada en fecha próxima por la Asociación de Prensa en un lugar a designar.

La Mesa de Trabajo y Consenso está conformada por distintas organizaciones de derechos humanos y barriales, familiares y sobrevivientes, que trabaja en pos de la recuperación de la memoria sobre el ex CCDTyE "Olimpo". Allí se calcula que fueron recluidas y torturadas unas 500 personas. La mayoría se encuentran desaparecidas. Actualmente, en el sitio de detención (el "pozo") trabaja un equipo de conservadores tratando de preservar y recuperar muestras que se usan como prueba en los juicios. Se hacen visitas guiadas y, en otros espacios de las instalaciones, se realizan actividades culturales y artísticas. También hay una biblioteca popular.

¿Ya hicieron escraches contra otros medios de comunicación?

Hasta ahora no nos habíamos metido con los medios. Sí con la Iglesia y con los grupos económicos. Históricamente Ford, Mercedes Benz, Siderar, Acindar, están señaladas porque hubo centros clandestinos de detención dentro de las mismas fábricas. Son candidatas para el escrache. Con respecto a la Iglesia, su integración al Ejército se produce entre 1955 y 1958, con la dictadura que derroca a Perón. Se crea el vicariato castrense y el Estado financia a estos eclesiásticos que tienen grado militar y se someten a esa estructura. Ellos responden a los militares primero y después a Jesucristo. En el 76 fueron cómplices del encubrimiento. La dictadura tenía al catolicismo como uno de sus pilares fundamentales en la lucha contra la subversión. Ese material lo estamos preparando para exhibirlo en el "pozo" y que se conozca no al que torturó sino el que fue el asesino de guante blanco, de la sociedad civil, que fue cómplice de la dictadura.

¿Cómo colaboraron los medios con el genocidio?

Los medios de comunicación se articulan con la dictadura en la construcción de su discurso y en la transmisión de esa realidad. Como el fotógrafo que registra las imágenes de una guerra, ubicado detrás de los militares yankis. En el caso de La Gaceta, eligió transmitir esa realidad poniéndose del lado de Bussi, del lado del Ejército, contando como si fuera una proeza nacional, una acción heroica y patriótica, el genocidio que estaban cometiendo. Y lo hicieron en un periodo constitucional, porque todavía no se había instalado la dictadura. El Operativo Independencia fue como una prueba piloto. Como vieron que eso salió bien, después aplicaron la receta en el resto del país.

¿Cuál era el verdadero objetivo del Operativo Independencia?

El Operativo Independencia, en lo militar, fue una orden de la presidenta Estela Martínez al Ejército para que opere en el territorio. Se estableció un cerco en el sur de la provincia, entre la ruta 38 y el cerro, en busca de la guerrilla. Eso fue lo más visible. Pero se comienza con el accionar de la Triple A y los paramilitares, que actuaban contra los civiles en las ciudades. Con la excusa de que colaboraban con la guerrilla, secuestraron, torturaron y mataron a la población civil. Atacaron a los militantes políticos populares en toda la provincia, a los sindicalistas en las fábricas, a los dirigentes estudiantiles en las universidades. El mismo Videla admite que la supuesta guerra contra la subversión que llevó adelante la dictadura fue una pantalla, porque al comienzo del gobierno militar ya estaban completamente desarticulados los grupos guerrilleros y en total retroceso.

¿La acción militar estaba dirigida contra la población civil? - El Operativo Independencia no es algo que nace aisladamente por un decreto, sino que es consecuencia de un proceso que se inicia años atrás, con el cierre de ingenios en 1966 por la dictadura de Onganía, que genera una situación de inseguridad por la falta de empleo y de acceso a derechos para muchos de los pobladores del sur tucumano. Eso empieza a desarticular a la sociedad. Los sindicatos azucareros tenían una fuerte organización política y contra eso se accionó durante la represión de los 70. La presencia del ejército no tenía tanto que ver con la guerrilla sino con la represión a dirigentes políticos y gremiales. Se mató a gente que tenía la esperanza de generar un cambio en esta sociedad para beneficio de la mayoría. Esa sería la subversión: modificar el estado de cosas, darlo vuelta.

Muchos dicen que a La Gaceta (como otros medios) no le quedaba más remedio que colaborar con el gobierno militar.

Creo que hay una escala de valores. La Iglesia pensaba lo mismo: que no se podía romper relaciones con el gobierno. La Gaceta, con el poder que tiene, hubiera podido tomar una actitud menos colaborativa que la que asumió. Pero queda muy en evidencia que la empresa tenía intereses comunes con la dictadura. Hubo una clara posición a favor de la represión. En el lenguaje que usó el diario abundan términos como "delincuente subversivo", "extremista", "terrorista", "guerrilla apátrida", un montón de adjetivos y de categorías para designar a ciudadanos que habían sufrido el accionar represivo del Estado. Hablar de una víctima del terrorismo de Estado catalogándola de "delincuente subversivo", es una clara posición de por lo menos ocultamiento del delito del Estado. Habría que ver cómo chequeó el periodista que era un "delincuente subversivo". Cuáles eran sus fuentes.

Para justificar el genocidio se construyó la imagen de un enemigo al que había que destruir.

Reproducimos a continuación fragmentos del trabajo "Responsabilidad civil y genocidio - Tucumán en años del Operativo Independencia (1975-76)", de Matías Artese y Gabriela Roffinelli, investigadores de la Facultad de Ciencias Sociales de la UBA:

Las fuerzas sociales defensoras del orden social vigente diseñaron un plan táctico y estratégico para derrotar social, política y militarmente a las fuerzas sociales populares. Las categorizaciones referentes a la subversión o al enemigo subversivo iban más allá de los integrantes de las organizaciones armadas. Desde el Estado pero también desde otros ámbitos (conducciones burocráticas de los sindicatos, empresas, iglesia, etc.), se desplegaron los mecanismos necesarios para delinear -con trazo firme- en el imaginario social la figura del subversivo, como un sujeto peligroso y destructivo, como un cáncer social que debía ser literalmente exterminado de la faz del territorio nacional.

La Doctrina de Seguridad Nacional vigente en todo el continente latinoamericano a partir de la segunda posguerra mundial, funcionó como marco ideológico y político para el desarrollo de

20

la figura subversiva. La amplitud para definir como "subversivo" a aquel sujeto que tuviese intención y voluntad de querer subvertir el orden establecido, era extremadamente amplia. Acdel Vilas, jefe de la V Brigada de Infantería que llevó adelante el Operativo Independencia en su primera etapa en Tucumán; hace mención sobre estos límites para definir al "enemigo subversivo": "la subversión se hallaba enquistada en todos los organismos del país, y no obstante se me ordenaba combatir su brazo armado, la guerrilla. (...) Allí estaban los colegios y las universidades, los sindicatos y las parroquias trabajadas por la acción psicológica del marxismo y sus agentes". La "subversión" se había convertido en una enfermedad general, inaceptable y merecedora de la más pronta aniquilación. Surgía una suerte de demonio "apátrida" y cultor de "ideas extranjerizantes" que era necesario destruir.

Dando cuenta de las declaraciones y acciones de las personalidades civiles, planteamos que el mismo diario "La Gaceta" toma la decisión política de informar y promover sistemáticamente las actividades de las fuerzasmilitares y civiles en la construcción de un "otro peligroso" al que había que destruir.

Nos referimos tanto a los mismos periodistas como a las editoriales escritas que en más de una ocasión saludaban y mencionaban con elogios las actividades antisubversivas. Los propietarios y directores del diario La Gaceta, personalidades no militares, se involucraron constantemente con la divulgación de los hechos realizados por los miembros del régimen políticomilitar que gobernaba la provincia.

Las acciones concernientes a identificar y construir representaciones del "enemigo subversivo" fueron realizadas (contrariamente a lo que se podría suponer) en ámbitos no militares. Teniendo en cuenta que prácticamente el 90 % de este tipo de acciones está compuesto por declaraciones, podemos ver la tendencia según el ámbito donde se realizaron: los ámbitos de gobierno perteneciente a los tres poderes del Estado (casas de gobierno, palacios legislativos y /o judiciales, etc.) y las sedes partidarias y sindicales.

En la búsqueda realizada, notamos que la mayor parte de las publicaciones o noticias referidas al enfrentamiento directo en el monte tucumano (informe de bajas del ejército o guerrilla, estado de situación del operativo, etc) quedan supeditadas a las autoridades militares, y son realizados en ámbitos castrenses. En cambio, los funcionarios políticos, eclesiásticos, judiciales, etc. y los dirigentes sindicales, ejercerían un "soporte valorativo" de las acciones militares, en este caso, referido a la identificación y condena del enemigo.

La divulgación de ciertos mensajes desde un sector particular de la sociedad fue la herramienta esencial que permitió construir un andamiaje ideológico destinado a legitimar un proceso represivo que ya había comenzado a desmantelar la memoria de las de luchas y reivindicaciones populares presentes en la provincia desde fines de la década de 1960. En ese sentido, el aparato de Estado no solo utiliza recursos políticos y militares en los distintos estadios de lucha de clases, sino que también ejerce una producción y utilización de elementos simbólicos que influyen en esa lucha.
(Argenprees

Denuncian en Cuba decisión de Estados Unidos contra Havana Club

Martes 5 de junio de 2012

PL

Medios de prensa denunciaron hoy en La Habana la decisión de la Corte Suprema estadounidense de cerrar las oportunidades jurídicas que permitían a la empresa Cubaexport defender la propiedad de la marca Havana Club en ese país.

Un artículo publicado en el diario Granma expresa que la acción abre el camino para que se despoje definitivamente a esa compañía cubana del derecho de mantener la titularidad de una marca registrada desde hace más de 30 años en Estados Unidos.

La complicidad del gobierno de Washington, refiere, llega al punto de poner en riesgo la protección de alrededor de seis mil marcas de empresas de esa nación registradas en Cuba, para satisfacer los intereses de un grupo minúsculo nucleado alrededor de la compañía Bacardí.

El Departamento de Estado instruyó a la Oficina para el Control de Activos Extranjeros que no emitiera la licencia a Cubaexport para renovar el registro de Havana Club, argumentando que no estaría en correspondencia con la política de su gobierno hacia Cuba.

Con esta decisión, afirma el texto, concluye una infamia que se venía gestando desde hace más de 20 años, pues desde la década del 90 sectores extremistas de Florida han maniobrado para obstaculizar y destruir las relaciones económicas y comerciales de Cuba.

El ejemplo más patente se concretó en 1998, con la Sección 211 de la Ley Ómnibus de Asignaciones para el año 1999, que constituyó el argumento legal en virtud del cual los órganos judiciales y administrativos estadounidenses niegan la renovación del registro de la marca Havana Club.

La empresa Bacardí, cuyos ejecutivos se han dedicado también a la contrarrevolución, comenzó a impedir que en caso de eliminarse el bloqueo contra Cuba, el ron se vendiese en el mercado norteamericano, a la par que hicieron todos los esfuerzos posibles para apropiarse de la titularidad de la marca.

Según el artículo, desde 1995 las empresas Cubaexport, Cuba Ron y la compañía francesa Pernod Ricard, distribuidora internacional del ron Havana Club, batallaron por mantener el registro ante la Oficina de Marcas y Patentes de Estados Unidos.

Asimismo, el Órgano de Solución de Diferencias (OSD) de la Organización Mundial del Comercio (OMC) falló, en 2002, en contra de Estados Unidos y reclamó la eliminación de la ya citada Sección 211.

Sucesivas administraciones norteamericanas, critica el texto, han ignorado no solo el dictamen de la OMC, sino también la solicitud de asociaciones y gremios de la industria y el comercio, los cuales han abogado por la derogación de la Sección 211 y evitar así una potencial guerra de marcas.

De acuerdo con Granma, Bacardí no podría comercializar un ron con ese nombre cuando las mieles que usaría no serían de la isla ni los maestros roneros serían cubanos, además de que no existiría ninguna conexión geográfica con Cuba o La Habana.

Por ello, el bloqueo económico es el principio fundamental de la actuación estadounidense, no importa siquiera que esa estrategia choque con los intereses comerciales y económicos legítimos de compañías y empresarios norteamericanos.

Mientras se espera por un soplo de sensatez, concluye el artículo, los empresarios cubanos y franceses continúan cosechando éxitos en la comercialización del ron cubano en todo el mundo, el cual cada vez se vende más.

Pobreza expulsa de México a más mujeres y niñas

Martes, 5 de junio de 2012

Citlalli López - Brisa Gómez - Patricia Chandomí - Guadalupe Cruz (CIMAC)

Miseria, marginación y violencia son las causas por las que mujeres y ahora también niñas, migran a otras entidades e incluso a Estados Unidos.

En años recientes, al fenómeno migratorio en México se han añadido dos nuevas aristas: la migración infantil y el crimen organizado, que ve a las personas en tránsito como caldo de cultivo para reclutarlas a la delincuencia o explotarlas sexualmente.

De acuerdo con especialistas en migración, este fenómeno va adquiriendo cada vez más un rostro femenino. A pesar de la insuficiencia de datos oficiales, se percibe un aumento en el número de mujeres y niñas que por razones económicas y sociales abandonan sus lugares de origen, para mejorar sus condiciones de vida.

Hay mujeres que incluso tienen estudios universitarios. También se advierte que el DF es ya una de las principales entidades expulsoras de migrantes de sexo femenino hacia Estados Unidos.

En Oaxaca, por ejemplo, cuatro de cada 10 personas que migran son mujeres, mientras que en 2010 el DF expulsó a 50 mil 281 personas al extranjero, de las cuales 17 mil 725 (más de la tercera parte) son mujeres, según el Inegi.

Explotación infantil

El estado de Oaxaca es emblemático por sus altos índices de pobreza y sus bajos indicadores en la garantía de los Derechos Humanos para su población. Es en esta entidad donde es frecuente la expulsión de niñas y niños indígenas a los campos agrícolas de Morelos, Guanajuato, Jalisco, Sinaloa y Baja California.

Fernando Viveros, integrante del Foro Oaxaqueño de la Niñez (Foni), explica que las y los niños que dejan el estado se enfrentan al riesgo de ser interceptados en su trayecto por grupos criminales para su explotación sexual y comercial.

Abunda que los riesgos para la niñez migrante han variado, toda vez que ya no sólo pueden enfermar por la exposición a plaguicidas y pesticidas en los campos agrícolas, sino que ahora también son secuestrados por delincuentes.

Viveros aclara que aunque los números sobre la migración infantil son prácticamente inexistentes, se observa que la cifra de niñas y niños en esa condición es alto, y cada vez es mayor por la pobreza que prevalece en sus comunidades de origen.

En Chiapas se da el fenómeno de la migración infantil que llega a la entidad en busca de empleo. El estado fronterizo es destino y tránsito de migrantes provenientes en su mayoría de Centroamérica.

Entre 2006 y 2008 la estación migratoria de Tapachula, municipio colindante con Guatemala, reportó que fueron deportados 18 mil niñas, niños y adolescentes originarios de Guatemala, Honduras, El Salvador y Nicaragua.

Carolina Rivera, investigadora del CIESAS, advierte que en Chiapas no hay registros ni encuestas de la migración laboral de la niñez y adolescencia centroamericana, tampoco datos del Instituto Nacional de Migración.

Huyen de la violencia

Amanda González, coordinadora del programa Migración, Desarrollo y Ciudadanía Binacional de la organización Iniciativa Ciudadana, observa que "las oaxaqueñas huyen (de su estado) ante la pobreza, marginación y violencia. Las mujeres que han migrado se van para tener mayor libertad, ya que en sus comunidades son coartadas".

La viudez, ser madres solteras, el abandono de su pareja, la poligamia o el alcoholismo del cónyuge, son algunas de las razones para que ellas abandonen el estado. También influyen la falta de opciones para una vida mejor y las escasas posibilidades de estudiar, precisa González.

En Veracruz, el Instituto Veracruzano de las Mujeres (IVM) reporta que hay dos rasgos en la migración femenina: las mujeres con poca o nula escolaridad que van en busca de sus parejas y migran con sus hijas e hijos, y aquellas que con educación secundaria o bachillerato se van al norte para trabajar en la maquila en espera de pasar a Estados Unidos.

Edda Arrez, titular del IVM, detalla que hay mujeres migrantes con estudios universitarios que se van porque buscan mejores oportunidades laborales. No obstante, indica, al llegar a Estados Unidos la mayoría de ellas trabaja como niñeras, anfitrionas en restaurantes o en el sector de comercio y servicios.

¿Ciudad de la esperanza?

El DF es destino para las mujeres migrantes de otros países, pero también expulsa a miles de capitalinas a entidades vecinas, Estados Unidos u otras naciones en aras de lograr un mejor nivel de vida.

Inegi señala que la capital está entre las tres entidades federativas que expulsan a más personas al interior del país. En 2010 expulsó a 50 mil 281 personas al extranjero, de las cuales 17 mil 725 fueron mujeres. De este total, 53.7 por ciento (cerca de 9 mil 400 mujeres) se fue al vecino país del norte.

La mayoría de mujeres y hombres que salen del DF están en edad reproductiva (entre 15 y 49 años). A Estados Unidos se dirige el 65.6 por ciento de la población migrante del DF.

Martes, 5 de junio de 2012

Atacar a Siria es una necesidad de la estrategia de Occidente

Rómulo Pardo SilvA
(especial para ARGENPRESS.info)

Las élites millonarias globales necesitan dominar el mundo para asegurarse una situación mejor después del colapso civilizatorio. Su sistema económico no tiene solución.

El crédito basura de los banqueros tiene una causa más honda que el placer de lucrar jugando al casino, es la busca de un paso en medio del atasco.

Los poderes locales en los países en desarrollo están industrializándose y no hay compradores para un volumen nuevo y mayor de productos. Los productos de Estados Unidos, la Unión Europea, el BRICS, Japón, Corea del Sur, se estorban. Un informe chino pronostica que se intensificarán las fricciones con otros países en asuntos de economía, comercio e inversión.

Si los capitalistas elevan los sueldos en sus países sus precios no serán competitivos. Según el ministerio de comercio chino "El rápido aumento de los costos de mano de obra está impactando en los planes de negocios".

Con sueldos bajos no hay demanda interna, con altos no hay comercio internacional.

Además la naturaleza es finita y escasean o no existen recursos para todos. Si ahora hacen guerras por petróleo y gas, también el plan militar considera otras por agua, tierras raras, coltan, pesca, campos de cultivo, climas habitables...

Estados Unidos y los socios de la OTAN no derrochan dinero en armas, invierten en medios de expansión.

Tras Siria hay muchos, Irán, Líbano, Venezuela, India, Brasil, Cuba, China, Rusia. Todo el orbe debe ser conquistado y la estrategia no es reciente.

Rusia y China permitieron avanzar el neocolonialismo en Libia. Ahora en Siria parecen ver mejor su propio riesgo.

Los gobernantes del planeta quieren resolver el nudo por la fuerza, saben que la época es insostenible y se preparan para el orden que sigue.

Mitt Romney y el senador McCain han sido muy francos.

El mundo es un lugar peligroso y necesita un ejército de Estados Unidos para mantenerlo bajo control, afirmó el candidato presidencial. Si es elegido, se comprometió a mantener una fuerza militar "sin ningún poder que se le compare en cualquier lugar del mundo". Advirtió sobre los peligros de una reducción militar citando las crecientes amenazas de Irán, Pakistán, China y Rusia. Agregó que América debería mantener su dominio como la más fuerte militarmente en el mundo y así no solo ganar guerras sino también prevenirlas. El senador John McCain luego del discurso lo alabó diciendo: "está completamente calificado para ser comandante en jefe". "Él cree en el excepcionalismo estadounidense". "Él cree que el siglo 21 será también un siglo norteamericano" (Russia Today).

Obama persigue lo mismo pero es más torcido de lenguaje.

Ellos quieren el futuro según sus intereses particulares. El socialismo debe enfrentarlos proponiendo un mañana ecológico solidario al servicio de la humanidad y la vida completas.
Los Bilderberg ven más lejos que algunos socialistas.
.

19.05.10 - Mundo
Mi... '¿Querido?'... FBI. (X). El FBI y la Operación Cóndor
Alvarado Godoy
Escritor guatemalteco
Adital

Tras el fracaso de la Alianza para el Progreso, casi todas nuestras naciones latinoamericanas padecieron una época de horror, instaurada a lo largo del continente en forma de dictaduras militares. La caída de las endebles y cuestionadas democracias, dio paso a regímenes en forma de generalatos, apoyados en las más burdas formas de violación de los derechos humanos, en las torturas y las desapariciones, en las masacres y el asesinato selectivo. Fue la nueva forma en que las oligarquías asumieron la total sumisión a Washington y se valieron de individuos sin escrúpulos al viejo estilo de Leónidas Trujillo, Anastasio Somoza, Fulgencio Batista y Alfredo Stroessner, pero esta vez el hard power pareció carecer de límites para la impunidad y la perfidia. Nombres macabros como el Rafael Videla, Augusto Pinochet, José María Bordaberry, Hugo Banzer y muchos otros, quedaron en la memoria histórica de nuestros pueblos como un mal recuerdo y como una herida abierta y lacerante.

La CIA, el FBI y el Pentágono norteamericanos ayudaron a perfeccionar los órganos represivos de los países latinoamericanos y a preparar a sus miembros con las últimas técnicas de tortura y represión. A la acelerada modernización del ejército, la difusión de las Doctrina de Seguridad Nacional, el perfeccionamiento de los servicios de inteligencia militar y el incremento de la ayuda militar norteamericana, dio paso un modelo contrainsurgente basado en el terror. La ideología de los generales, influida notablemente por el fascismo y las doctrinas de la ultraderecha conservadora norteamericana, tenía el doble propósito de detener, por un lado, a la legítima lucha de los pueblos y, por otro, incrementar los niveles de dependencia al capital extranjero. Toda esta amalgama ideológica, sustentada por la doctrina de la Seguridad Nacional , descansó en la defensa a ultranza del desarrollo de un capitalismo dependiente al capital foráneo y de las estrategias de desarrollo diseñadas por teóricos norteamericanos, así como en la represión y estigmatización de quienes propusieran otras alternativas de progreso. El ejemplo cubano fue excomulgado, censurado y perseguido, así como aquellos que le defendían como alternativa más viable para sus países.

Los presidentes de Estados Unidos involucrados en la Operación Cóndor, en mayor o menor medida, fueron Lyndon Blaines Johnson (1963 a 1969); Richard Nixon (1969 a 1973); Gerald Ford (1974 a 1977); James Carter (1977 a 1981); Ronald Reagan (1981 a 1989) y George Bush, padre (1989 a 1993). Todos ellos bendijeron de alguna manera la participación norteamericana en los sangrientos sucesos.

Un antecedente del apoyo que darían los EE UU a sus represores de turno, fundamentalmente en cuanto a suministro del armamento más sofisticado en esos momentos, envío de asesores, ayuda financiera, adiestramiento en guerra sicológica y técnicas antisubversivas, para llevar a cabo la futura Operación Cóndor, tuvo lugar en la Conferencia Panamericana de Chapultepec, celebrada en febrero de 1946, en México, que se materializaría mediante acuerdos bilaterales de cooperación militar, en 1951, sobre la base de la Ley 165 de Seguridad Mutua, aprobada por el Congreso de EE UU, y en los que se preveía el empleo de la Escuela de las Américas para adiestrar a los torturadores más promisorios. Años más tarde, en 1967, el entonces Secretario del Departamento de Defensa norteamericano afirmó que: "el objetivo principal para Latinoamérica era el desarrollo de fuerzas militares y paramilitares locales para asegurar la seguridad interna". No en balde, los Estados Unidos, destinó tan solo en tres años, entre 1970 y 1973 la asombrosa cifra de 4 300 millones de dólares para esa finalidad.

El Instituto del Hemisferio Occidental para la Cooperación en Seguridad, conocido también, entre 1963 a 2001, como Escuela de las Américas, ahora ubicada en Fort Benning, pero provisionalmente trasladada a Panamá entre 1946 y 1984, en Fort Amador, y ahora nuevamente reubicada en el hotel Meliá Panamá Canal, fue el principal centro de adiestramiento propiciado por EE UU para adiestrar en técnicas de baja intensidad a más de 61 034 represores y torturadores latinoamericanos, muchos de los cuales brillaron por su bestialidad durante la Operación Cóndor, como fueron los casos del golpista dominicano, Elías Wessin y Wessin; el general boliviano Hugo Banzer; el creador de los escuadrones de la muerte salvadoreños Roberto D'Aubuisson; el general masacrador guatemalteco Héctor Gramajo; los generales golpistas argentinos Roberto Eduardo Viola y Leopoldo Fortunato Galtieri; el corrupto y torturador peruano, Vladimiro Montesinos; el criminal jefe de la Dina chilena, general Manuel Contreras; el jefe del reciente golpe de estado en Honduras, general Romeo Orlando Vásquez Velásquez; así como una larga lista de criminales uniformados.

La macabra época de los generalatos, se extendió por todos lados: primero en Paraguay (1954); luego en Brasil (1964); y, posteriormente, en otras naciones del Cono Sur como Perú (1968), Uruguay (1972), Chile (1973), Argentina (1976) y Bolivia. La modalidad de las juntas militares golpistas no fue la única forma que asumió la represión institucionalizada. Hubo casos de gobiernos aparentemente democráticos, pero contagiados de un descarado patrocinio militar, tal como ocurrió en Uruguay, Guatemala, El Salvador y Honduras, que se destacaron por su extrema crueldad represiva.

Mientras en Brasil se estrenó la Doctrina de Seguridad Nacional de Estados Unidos, aprobada por J. F. Kennedy en 1962, mediante el golpe de estado a Joao Goulart, la dictadura de Stroessner en Paraguay supervivía desde 1954 hasta 1991. Por su parte, luego del golpe abominable contra Salvador Allende, el régimen de Pinochet en Chile se alargó desde 1973 hasta 1990. Argentina, lamentablemente, padeció a Videla, Viola y Galtieri desde 1976 hasta 1982; mientras en Uruguay los gobiernos represores de Jorge Pacheco Areco y José María Bordaberry se extendieron desde 1966 hasta 1985. Tal panorama aterrador lo sufrieron otras naciones del continente como Bolivia, Guatemala y muchas otras.

No es equivocado reconocer que 300,000 fueron las víctimas de tan repudiable episodio, muchas de ellas desaparecidas y asesinadas por la represión castrense en esta guerra sucia impuesta a nuestros pueblos. Fueron, sin lugar a dudas, generaciones enteras desaparecidas en países como Chile, Guatemala, Argentina, El Salvador. La juventud fue quien más padeció la represión discriminada, ya que el 80 % de los asesinados y desaparecidos tenía una edad que oscilaba entre los 21 y los 35 años. Otros tuvieron que acogerse a un duro exilio para escapar de las matanzas.

Esa trama bestial y reprobable tuvo un nombre: La Operación Cóndor y fue consumada por las dictaduras militares y un centenar de terroristas cubanos, bajo la benevolencia de Washington y el apoyo de la CIA y el FBI norteamericanos. Para ello, recurrieron a la vieja herencia fascista de Adolph Hitler, al extremo que Cóndor no tuvo mucha diferencia de operaciones nazis como su famoso Decreto Noche y Niebla.

La Operación Cóndor fue la consumación de los planes norteamericanos para garantizarse un traspatio seguro en la región y representó la internacionalización del terror por parte de los militares latinoamericanos, aplicando el esquema de contrainsurgencia de la Guerra de Baja Intensidad (GBI). Sin lugar a dudas, luego de haberse establecido en un encuentro realizado a fines de noviembre de 1975, durante una reunión en Santiago de Chile y bajo la anuencia directa de Pinochet, en la que participaron represores de Chile, Argentina, Bolivia, Paraguay y Uruguay, se crearon las condiciones organizativas, técnicas y financieras para llevar a cabo operaciones a gran escala, internacionalmente coordinadas, y encaminadas a reprimir de conjunto a las fuerzas progresistas de la región. Los argentinos, al igual que sus socios chilenos, paraguayos y uruguayos, desempeñaron un rol relevante en estos planes. Baste destacar que solo los militares argentinos llegaron a contar con 340 centros clandestinos de tortura y detención, cuyos operadores eran represores castrenses.

Los cuantiosos recursos aportados por Estados Unidos para llevar a cabo el montaje de la Operación Cóndor incluyeron no sólo altas sumas de dinero, sino también un voluminoso intercambio de información, asesoramiento en técnicas de tortura y equipamiento provistos por la División de Servicios Técnicos de la CIA.

Fueron operativos de la DINA , una organización de inteligencia subordinada directamente a Pinochet, los que persiguieron, secuestraron y ultimaron a destacadas personalidades democráticas chilenas en el exterior, entre las que sobresalieron el general Carlos Prats y Orlando Letelier, llegando a asesinar a casi 45 mil los chilenos, según fuentes de la OEA , la ONU y el Consejo Mundial de Iglesias y el Parlamento Europeo. Argentina, por su parte, perdió a miles de sus mejores hijos, mientras en Bolivia tras los 18 años de dictaduras militares de René Barrientos, Alfredo Ovando, Hugo Banzer, Alberto Natusch Busch, García Meza y otros, entre 1965 y 1982, centenares de bolivianos fueron asesinados. Miles detenidos ilegalmente y más de 6 000 recurrieron al exilio.

Operación Cóndor tuvo en los militares paraguayos eficientes artífices de desapariciones de ciudadanos argentinos, uruguayos, chilenos, bolivianos y de otras nacionalidades, los que eran secuestrados y enviados hacia sus respectivos países para ser inmediatamente torturados y asesinados. En pago por estos favores, los militares argentinos, por ejemplo, asesinaron a 54 paraguayos exilados en ese país. Investigaciones posteriores han indicado que los militares paraguayos se incorporaron a las actividades de Cóndor a partir de julio de 1976, a través del Coronel Benito Guanes Serrano, jefe de los Servicios de Inteligencia del Ejército.

Tal fue el nivel de represión desatada por Stroessner, que 360 mil personas, de un total de tres millones de habitantes, pasaron por las prisiones, y casi el 50 % de los paraguayos tuvieron que exilarse para escapar de la represión.

La estación de la CIA en Montevideo elaboró listados y ejerció permanente control sobre los más destacados activistas y opositores al gobierno de turno. Fue la CIA la que facilitó las coordinaciones entre los militares uruguayos y sus similares de Chile y Argentina, dando lugar a las ya analizadas operaciones conjugadas entre ellos que estaban previstas en la Operación Cóndor. Como ejemplo, puede destacarse que un numeroso grupo de 32 uruguayos y argentinos, detenidos en la cárcel secreta de "Automotoras Orletti", fue enviado al Uruguay en octubre de 1976 y allí posteriormente ultimados. Tal fue la confabulación de los militares y grupos civiles de poder, asociados con militares del Cono Sur y contando con la venia y apoyo de los Estados Unidos. Prueba de ello fue que, en 1969, la agencia envió a Uruguay al conocido torturador Dan Mitrione. Por su parte, el FBI colaboró en el entrenamiento de muchos sicarios y torturadores en técnicas de tortura y "persuasión", intercambio de información, comunicaciones y capacitación policial en general.

Centroamérica no escapó tampoco de la siniestra mano de Cóndor. La imposibilidad de Miguel Idígoras Fuentes de controlar el descontento popular, provocó que el ejército se hiciera cargo de la situación, preparándose de facto las condiciones para el golpe militar de 1963. Con el golpe de Estado producido el 30 de marzo 1963, los militares guatemaltecos hacía suya la Doctrina de la Seguridad Nacional, la que lograría aún más plenitud durante el período gubernamental de Julio César Méndez Montenegro, ejercido entre 1966 y 1970. Al estilo de sus homólogos uruguayos, un pacto entre militares y civiles beatificaría este nuevo modelo de contrainsurgencia. El golpe, que colocó a la cabeza del régimen a Enrique Peralta Azurdia, hasta ese momento ministro de la Defensa , ejerció mil días de terror y represión contra las fuerzas progresistas del país. En marzo de 1966, con el traspaso del gobierno al abogado Julio César Méndez Montenegro, se quiso perpetuar la represión pero con una cara en apariencia diferente. Fue allí cuando fueron capturados y desaparecidos 28 dirigentes políticos y populares, por órdenes expresas del entonces ministro de la defensa, el coronel Rafael Arriaga Bosque. Sus cuerpos fueron desaparecidos al ya institucionalizado estilo de la Operación Cóndor.

Centroamérica también conoció a los "escuadrones de la muerte", similares a la Triple A de Argentina, llegando a existir, solo en Guatemala cerca de 20 organizaciones de este tipo. El modelo represivo ensayado en Guatemala, apoyado en la asociación entre políticos, empresarios y militares, se extendió a la década de los setenta, con pleno dominio del ejército sobre la vida pública. Los gobiernos militares que sucedieron al de Méndez Montenegro, como los del coronel Carlos Manuel Arana Osorio (1970-1974) y del general Kjell Eugenio Laugerud García (1974-1978), hicieron suya la institucionalización del terror, tal como lo harían luego los gobiernos militares de Romeo Lucas García, Efraín Ríos Montt y Humberto Mejía Víctores (1983-85). Fue la época oscura de tierra arrasada, masacres de aldeas completas, de asesinato de líderes y estudiantes, de sindicalistas desaparecidos y del asesinato de 45 000 guatemaltecos y la desaparición de cerca de 150 000.

Por su parte, en El Salvador, para ocultar vanamente la participación del gobierno y de sus fuerzas armadas en los frecuentes asesinatos de tipo político, fue creado en 1967 un grupo paramilitar conocido como Organización Democrática Nacional (ORDEN), coincidiendo con la aparición de estos escuadrones de la muerte en la vecina Guatemala. Otros grupos paramilitares, dependientes del ejército como la autodenominada Brigada Anti-Comunista "Maximiliano Hernández Martínez" y el Ejército Secreto Anticomunista (ESA), cometieron también abominables crímenes. Todos ellos estaban integrados por militares entrenados en la Escuela de las Américas, la CIA y el FBI.

Particularmente, el FBI fue un elemento esencial en los planes represivos en América Latina, tanto por su adiestramiento a torturadores como por la entrega esencial para la captura y ulterior asesinato o desaparición de perseguidos políticos. El FBI transportó a América Latina sus modelos contrainsurgentes como el programa de contrainteligencia conocido como COINTELPRO, probado ya con eficiencia dentro de EE UU, así como la asignación de funcionarios del FBI conocidos como Legats y el adiestramiento de represores en su propia Academia Nacional del FBI. En esta macabra conspiración de terror estuvieron involucrados varios directores del FBI, tales como John Edgar Hoover, su fundador desde el 10 de mayo de 1924, hasta su muerte en 1972; Louis Patrick Gray III, jefe del Buró desde el 2 de mayo 1972 hasta el 27 abril 1973; Clarence M. Kelley, a cargo del Buró desde el 7 de junio de 1973 hasta el 15 febrero de 1978; James B. Adams, quien dirigió el FBI pocas semanas; William Hedgcock Webster, quien se encargó del Buró desde 1978 hasta 1987, pasando posteriormente a dirigir la CIA desde 1987 hasta 1991 y, finalmente, William Steele Sesiones, Director del FBI desde 1987 hasta 1993.

LEGATS EN AMÉRICA LATINA

Durante más de seis décadas, el FBI ha colocado a oficiales del Buró en las sedes diplomáticas en 75 ciudades del mundo, alcanzando una cobertura en casi todos los países del planeta. Con la condición de Agregados Legales (Legats), tienen la misión aparente de proteger a los intereses de EE UU y a sus ciudadanos, realizar labores de inteligencia dentro de las naciones en las que están acreditados, intercambiar información con las autoridades y entrenarles. Los Legats son atendidos directamente por la Oficina de Operaciones Internacionales en la sede del FBI en Washington, DC. Han existido, desde hace décadas, Oficinas de Legats en Buenos Aires, Brasilia, Santiago de Chile, Caracas, Bogotá, Ciudad de Panamá y Ciudad de México.

Los antecedentes de los Legats en América Latina tienen su origen en 1941, cuando el embajador de EE.UU. en Colombia solicitó la asignación de un agente especial de la Embajada de EE.UU. en Bogotá. Un año después, en 1942, agentes especiales del FBI fueron asignados a la embajada norteamericana en la Ciudad de México. Este proceder se oficializaría en 1943 con la designación de Agregados Jurídicos o Legats del FBI, atendidos por la Oficina de Operaciones Internacionales en la sede del FBI en Washington, DC. y quien se encarga de la coordinación inter agencias con el departamento de Estado, la CIA y el Pentágono.

En 1968, el general norteamericano Robert W. Porter, declaró que: "Con el fin de facilitar el empleo coordinado de las fuerzas de seguridad interior y entre los países de América Latina, estamos... tratando de fomentar entre los distintos servicios y la cooperación regional, ayudando en la organización de de mando integrado y centros de control, el establecimiento de procedimientos operativos comunes, y la realización de ejercicios de entrenamiento conjunto y combinado". Cóndor fue uno de los frutos de este esfuerzo.

Los Legats coordinaron esfuerzos dentro de la Operación Cóndor con el SIDE de Argentina; la DINA chilena; la DISIP y la Dirección de inteligencia Militar venezolanas; el Departamento de Orden Político y Social (DOPS), y el Servicio de Información Nacional brasileños, éste último convertido luego en la Agência Brasileira de Inteligencia, así como las Divisiones Regionales de Operaciones de Inteligencia y Coordinaciones de la Defensa Interna; el Organismo Coordinador de Operaciones Antisubversivas de Uruguay (OCOA), así como los servicios de inteligencia militares en Guatemala, El Salvador y de otras naciones.

El 6 de marzo de 2001 se conoció a través del New York Times la existencia en 1978 de un centro de inteligencia ubicado en el Canal de Panamá, creado por EE UU, para intercambiar información entre la CIA y los servicios de inteligencia de los países latinoamericanos, uno de cuyos proveedores era el FBI y sus Legats.

En un informe del coronel Robert Scherrer, Legat del FBI en Buenos Aires desde 1972, fechado el 22 de septiembre de 1976, se reconoció el empleo de Automotrices Orletti en Buenos Aires como centro de detención y tortura, según un informe que recibió del SIDE argentino, donde fueron torturados y asesinados los diplomáticos cubanos Crescencio Galañega Hernández y Jesús Cejas Arias, secuestrados previamente el 9 de agosto de 1976 en una zona aledaña a la embajada cubana.

Scherrer impuso también a sus jefes del FBI sobre detalles del asesinato en Washington DC, de Orlando Letelier del Solar, ex ministro de Salvador Allende, apenas una semana después de cometido el crimen: "Operación Cóndor es el nombre en código de la recopilación, intercambio y almacenamiento de datos de inteligencia [militar] sobre personas [calificadas de adversarios políticos], recientemente establecida entre los servicios que a ella cooperan con el fin de eliminar a [sus adversarios políticos] en estos países. Además, la Operación Cóndor lleva a cabo operaciones conjuntas contra sus blancos en los países miembros (...) Chile es el centro de la Operación Cóndor, e incluye también a Argentina, Bolivia, Paraguay y Uruguay. Brasil también ha aceptado en principio aportar información a la Operación Cóndor."

"Una tercera y más secreta fase de Operación Cóndor consiste en formar equipos especiales de los países miembros para que viajen por todo el Mundo, por países no miembros de aquella, para llevar a la práctica las sanciones, [que incluyen] asesinatos, contra [adversarios políticos] de los países miembros de la Operación Cóndor. Un ejemplo, si un [adversario político] o un apoyo de la [organización política adversa] es localizada en Europa, un equipo especial de la Operación Cóndor será enviada a localizar y vigilar el blanco. Cuando ha culminado la localización y vigilancia, un segundo equipo de Operación Cóndor será enviado a llevar a cabo la sanción efectiva contra el blanco. En teoría, un país proveería de documentación falsa al equipo de asesinos, formado por agentes de un país distinto. El asesinato de Letelier puede haber sido obra de una tercera fase de Operación Cóndor".

Lo sorprendente de todo es que el agente especial Robert Scherrer, además de conocer la actividad represiva de la SIDE argentina, coordinó regularmente con Antonio Campos Alum, entonces director de la Jefatura de Asuntos Técnicos del Paraguay, diversas informaciones de inteligencia sobre personalidades y movimientos progresistas en la región, impartiendo orientaciones al respecto como lo demuestra una nota enviada por Scherrer a Campos Alum: "Sugiero que continúe las conversaciones con el Director de la Misión de Operaciones de Estados Unidos en Paraguay, con el fin de establecer algún programa similar sobre Seguridad Pública."

Tal era el contubernio entre el FBI y los represores de la Operación Cóndor que el propio director del Buró, Clarence Kelley, no tuvo reparo en felicitar a Campos Alum, quien actualmente se encuentra prófugo de la justicia, en ocasión de fin de año en 1976: "En estas Navidades, deseo hablar en nombre de todos mis colaboradores y agradecerle de todo corazón la cooperación que ustedes, con tanta buena voluntad, han proporcionado al FBI. Deseándole lo mejor de las cosas, que merece con creces".

Esta felicitación, por supuesto, fue el justo reconocimiento del FBI a los policías paraguayos que, en varias oportunidades, se dedicaron a informarle, incluso, sobre la actividad de personalidades norteamericanas, tal como ocurrió en el caso del senador por Massachusetts, Edward Kennedy, en una de sus visitas en Buenos Aires en la se reunió con varias personalidades paraguayas.

El control y asesoramiento del FBI sobre la actividad de los grupos represivos en la región, fortalecido por casi 100 terroristas de origen cubano, no descarta que el propio Scherrer haya tenido conocimiento del asesinato en Argentina del ex presidente boliviano Juan José Torres González, ocurrido en junio de 1976, el del ex ministro del Interior y de Defensa de Chile, general Carlos Prats, así como de los asesinatos de los parlamentarios uruguayos Héctor Gutiérrez Ruiz y Zelmar Michelini, durante ese mismo año. Por otra parte, según archivos del FBI sobre la Operación Cóndor, la DINA chilena realizó o intento cometer atentados terroristas en España, Francia, Portugal, Italia, EEUU, Argentina, Chile y otros países.

Una prueba del compromiso de los Legats norteamericanos con el terrorismo anticubano tuvo lugar cuando el funcionario acreditado en Puerto España, Trinidad y Tobago, concedió sin dificultad una visa a Ricardo Lozano, el venezolano vinculado a Posada Carriles en varias acciones terroristas, entre ellas la colocación de una bomba en Guyana el 1 de septiembre de 1976. Posteriormente, el Buró se "sorprendió" que el 8 de octubre de 1976, fuera arrestado este terrorista bajo la acusación de volar un avión de Cubana de Aviación en pleno vuelo en Barbados.

Otro de los destacados oficiales del FBI que actuaron dentro de la Operación Cóndor, en este caso en Paraguay, fue el coronel Robert Thierry, quien usó la fachada de "asesor sobre administración pública" de la Administración de Cooperación Internacional (AID), cuya misión fue la de ejercer asesoría en el Ministerio del Interior de Paraguay, así como la creación y control de la Policía Técnica de ese país.

Otro Legat del FBI en Buenos Aires, Calvin Clegg, también se destacó por recabar información permanente sobre personalidades progresistas en la región, para lo que se valió constantemente del SIDE. En una solicitud al represor e informante paraguayo, Pastor Coronel, usado también muchas veces por

Scherrer, le solicitó información sobre el Consejo Mundial por la Paz: "Adjunto un informe reservado, enviado por la oficina del FBI en Nueva York. El informe describe la historia y antecedentes del Consejo Mundial para la Paz, una organización que sirve como instrumento político del Partido Comunista de la Unión Soviética. Le ruego que examine sus archivos buscando toda información relacionada con el Consejo Mundial para la Paz en su país que esté dirigido contra Estados Unidos o sus ciudadanos."

Siguiendo órdenes expresas de Kissinger, quien revocó el 16 de septiembre de 1976 la orden que había dado un mes antes, el 18 de agosto, a los embajadores de este país en Argentina, Brasil, Chile, Paraguay, Bolivia y Uruguay de que advirtieran a los regímenes militares de la región de no cometer una "serie de asesinatos internacionales", según el cable desclasificado por el Archivo de Seguridad Nacional en días pasados, los Legats del FBI solo se limitaron a informar a su Director sobre evidentes planes de asesinatos, pero no hicieron nada para evitarlos.

Hoy se conoce que mucha gente de las administraciones norteamericanas durante esa etapa se opuso tímidamente a los crímenes planeados dentro de la Operación Cóndor, pero ninguno tuvo en esos momentos el valor de denunciarlos. Tal fue el caso de Ernest Siracusa, el embajador de Estados Unidos en Montevideo; los embajadores norteamericanos en Chile en esa época, David Popper y Robert Hill, así como otros funcionarios de menor rango dentro del departamento de Estado. Sin embargo prevaleció el criterio del pentágono, de la CIA y del FBI.

La marcha atrás de Kissinger, mediante su Secretario Adjunto para el hemisferio Occidental, Harry Shlaudeman, dio luz verde al asesinato de Letelier y otros macabros crímenes cometidos en esa época. Al respecto, señaló Peter Kornbluh, Director del Archivo de Seguridad Nacional, con sede en Washington: "El cable del 16 de septiembre es la pieza que faltaba en el histórico rompecabezas sobre el papel desempeñado por Kissinger, y el no desempeñado por el gobierno de Estados Unidos, tras enterarse de las conspiraciones del Plan Cóndor". (…) "Sabemos lo que pasó: el Departamento de Estado trató en forma oportuna de frustrar los 'Asesinatos Inc.' en el cono sur, y Kissinger, sin explicaciones, lo suspendió".

Actualmente existen varias Oficinas Legats en América Latina, como es el caso de una en la embajada de EE UU en Bogotá, Colombia, que cubre a ese país y al Ecuador. Otras de ellas están ubicadas en las embajadas norteamericanas con sede en Brasilia, Brasil; en Bridgetown, Barbados, así como una sub oficina en el consulado de EE UU en Nassau, las que cubren un vasto territorio que comprende a Anguila, Antigua y Barbuda, Aruba, Bahamas, Barbados, Bermuda, Bonaire, Islas Caimán, Curazao, Dominica, Granada, Guadalupe, Martinica, Montserrat, Saba, San Bathelemy, San Cristóbal (San Cristóbal) y Nevis, St. Eustatius, St. Lucía, St. Maarten, St. Martin, San Vicente y las Granadinas y las Islas Turcos y Caicos.

Otras oficinas Legats en América Latina se ubican en Buenos Aires, Argentina, con la misión de atender a ese país junto a Paraguay y Uruguay; en Caracas, Venezuela; una sub oficina en Puerto España, Trinidad y Tobago, que actúa sobre Guyana Francesa, Guyana, Suriname, Trinidad y Tobago, y también sobre Venezuela. En México existe una oficina Legat en la embajada de EE UU en Ciudad México, así como sub oficinas en Guadalajara, Hermosillo, Monterrey y Tijuana.

Diseñado por Hoover el COINTELPRO se aplicó exitosamente no solo dentro de Estados Unidos, sino también en Puerto Rico, implementándose su ejecución en varios países latinoamericanos con vistas a minar internamente a las fuerzas progresistas, a fomentar la desunión y la desconfianza y a lograr una penetración efectiva de informantes del Buró dentro de sus filas. Aún falta mucho por investigar cómo se orquestó este programa en Latinoamérica, pero se puede afirmar categóricamente que los Legats la usaron sistemáticamente para crear un ambiente de recelo entre personalidades de izquierda, a fomentar divisiones, a exacerbar el ego de algunos de sus líderes, así como a desvirtuar su imagen ante sus compañeros.

Otro exitoso elemento usado por el FBI en la Operación Cóndor fue la FBI National Academy, creada desde 1935 y que empezó a adiestrar a policías y represores latinoamericanos desde 1962 de manera priorizada, llegando a adiestrar hasta septiembre de 2008 a casi 3 000 personas, entre ellas una parte considerable de latinoamericanos, con la aparente misión de: "apoyar, promover y mejorar el desarrollo personal y profesional de los líderes de aplicación de la ley, preparándolos para los desafíos complejos, dinámicos y contemporánea a través de técnicas innovadoras, facilitando la excelencia en educación e investigación, y creación de asociaciones en todo el mundo". En realidad, los egresados salen debidamente preparados en técnicas de interrogatorios bajo presión, entiéndase eficiencia en torturar, y otros métodos modernos de contrainsurgencia.

Sucia es, pues, la herencia que dejó el FBI en América Latina dentro de la Operación Cóndor. Algo que nuestros pueblos nunca olvidarán y los nuevos pupilos del FBI tendrán qué avergonzarse.

13.04.10 - Mundo

¿Qué está pasando en el mundo?

Ignacio Ramonet

Le Monde Diplomatique

Adital

Ante un auditorio colmado, el intelectual europeo Ignacio Ramonet disertó sobre la "Crisis de Siglo, Refundación del Porvenir y Papel de los Medios de Comunicación". Fue presentado por Rafael Velasco, rector de la Universidad Católica de Córdoba (UCC) y designado visitante ilustre por el gobierno de la ciudad. En primera fila se ubicaron el viceintendente Carlos Vicente, la rectora de la UNC Carolina Scotto, autoridades de la UCC, Miguel Rodríguez Villafañe y José Cepeda quienes lo acompañaron durante el debate posterior a la conferencia.

El encuentro estuvo auspiciado por la Asociación Iberoamericana de Derecho de la Información y de la Comunicación (AIDIC), y Radio Nederland (RN). Además contó con la adhesión de la UCC y de la Universidad Nacional de Córdoba. La conferencia

"Mi ambición hoy es relativamente modesta. Quisiera consagrar este tiempo a hablarles de la síntesis que significa este título y simplemente tratar de responder a la pregunta: ¿Qué está pasando en el mundo de hoy? ¿Cómo está funcionando el mundo hoy?

Hoy día, estamos enfrentados a una especie de enigma. Esto ocurre en todas las sociedades; no sabemos muy bien, cuáles son los paradigmas que nos permitirían entender, anticipar lo que está ocurriendo; de manera de poder situarnos como ciudadanos frente a lo que pasa en el mundo.

El mundo ha dejado de ser fácilmente legible. Hoy día tiene una lectura oscura y nos resulta difícil entender qué está pasando. Quisiera proponerles mi propia lectura de lo que está ocurriendo en el mundo y cómo respondería yo a esa pregunta de cómo funciona el mundo hoy. Es una pregunta indispensable porque si no entendemos eso no podemos tomar conciencia de nuestro propio rol, de nuestro papel como ciudadanos ante la dinámica política, económica, social, cultural, de nuestra sociedad.

Evidentemente, es una síntesis, una proposición. No les estoy dando una receta dogmática, imperativa, que ustedes estén obligados a aceptar. Es una propuesta de lectura del mundo de las principales líneas que permitan entender el mundo.

Si el mundo fuera un mapa: qué tipo de coordenadas debo instalar para permitir distinguir las cosas más importantes de las menos, de las que más incidencia tienen de las que menos.

Pienso que no es posible proponer una parrilla única. O, en todo caso, a mí no me es posible. Imaginemos lo que pasa en el mundo como si fueran una serie de partidas de ajedrez que se estuvieran jugando en varios tableros y, el conjunto de movimientos de esos tableros, nos permiten distinguir las líneas, las dinámicas más importantes.

Si logramos identificar en esos cuatro tableros, cuales son estas dinámicas, los actores, los desafíos, y las consecuencias principales empezamos a tener una visión más clara dentro de esta nebulosa enigmática que es la realidad contemporánea.

Los tableros de Ajedrez

Primero es el tablero de la economía; segundo, la geopolítica; tercero, las sociedades y cuarto la ecología. Ustedes dirán que hay un quinto. Evidentemente, son los medios de comunicación y de información. Diríamos que es la argamasa que une y permite la articulación entre ellos. Porque la percepción que cada uno de nosotros tiene de lo que se juega en estos tableros, en general, está definida, dibujada, e inspirada por los mensajes que han sido emitidos por los medios de comunicación y que yo, y cada uno de nosotros, hemos interpretado.

En el debate, abordaremos este tema que ya fue analizado por el rector de Universidad Católica de manera muy lúcida y precisa.

En tablero de la economía

Aquí vemos lo que yo he llamado la crisis del siglo; una crisis sistémica que ahora ha estallado y que muchos analistas críticos hemos venido anunciando desde hace tiempo. La economía no podía seguir funcionado así, sin que el sistema llegase a explosionar y esto ocurrió el 15 de septiembre de 2008.

Cuando la banca de inversiones Lehmann Brothers se hundió y a partir de allí todo lo que estaba en espera de consolidación, de destrucción, recibió este golpe y se produjo esta crisis sistémica de la que no hemos salido. Contrariamente a lo que podíamos pensar, en los primeros meses que siguieron a la crisis, no se han sacado las lecciones indispensables.

En ese tablero, vemos que todos los elementos del edificio económico y financiero, están en crisis. Todos, han revelado sus fallas, como si se hubiese producido un terremoto. Ustedes recuerdan que la crisis empieza por el sector inmobiliario en los Estados Unidos y, consiguientemente, lo primero que se hunde son los bancos hipotecarios. Sigue con las cajas de ahorro, pero no voy a hablar de esto que ya he analizado en los libros La catástrofe Perfecta y en El Origen de la Crisis.

Lo que quiero decir, es que es una crisis sistémica. Muchos analistas habían anunciado que el capitalismo ya había pasado por ello en el '30 y que iba a conocer su fase neoliberal. Estamos en una crisis sistémica porque los bancos hipotecarios, de inversiones, de cajas de ahorro, de depósito, las bolsas, las autoridades de regulación, las agencias de locación de los estados, las agencias contables internacionales tampoco funcionaron.

Por consiguiente, se produjo la crisis del sector financiero que dirigía a este capitalismo, en su fase neoliberal, entraron en crisis y que en los años setenta comenzara con la revolución conservadora universalizada por Margaret Thatcher y Ronald Reagan y tal vez antes en Chile con los Chicago boys. En 1980, con la elección de Ronald Reagan este carácter un poco particular se impone como norma.

Ustedes recuerdan que la frase que resume este espíritu es la que Reagan dijo: el estado no es la solución, el estado es el problema y desde ahí comienzan una serie de medidas económicas que comienzan a desmantelar el estado y a transferir el patrimonio al sector privado por medio de las privatizaciones. Antes no existía esta palabra.

Eso se impuso como una norma, esta idea de que el mercado es la solución a cualquier problema, y que la ley de la oferta y la demanda es el alfa y el omega del funcionamiento de las sociedades que tienen que funcionar como una empresa.

El propio estado debe funcionar como una empresa, con la idea de que su objetivo prioritario es producir beneficios cualquiera que sea el costo. También, en la economía en general, impuso la idea de que al mercado hay que hacerle confianza ciega porque es capaz de autorregularse. Un partido que debe jugarse sin árbitro; el estado, ni árbitro debe ser. Y si tiene excesos, el propio mercado los va a reducir y si tiene carencias las va a colmar.

De esta manera, el mercado poco a poco fue ganado por una especulación irracional conducida por una codicia sin límites, y este periodo va a producir la crisis que en cierta medida ha seguido agravándose porque hasta ahora habíamos visto una serie de elementos, y eslabones, y hoy nos damos cuenta que los propios estados entran en quiebra y lo sabían.

En este libro, La Catástrofe Perfecta, yo decía que quizá si se prolongaba la crisis podríamos llegar a verlo. Y vemos países como Islandia, Grecia -virtualmente en quiebra-, y podrían seguir Portugal, Irlanda, España, Italia etc. países importantes con dificultades.

Vemos, además, el desconcierto de la sociedad política internacional que no sabe como acudir al rescate de países golpeados por este sistema. Cuando en los años s '70 muchos países de África y América Latina que estaban en quiebra, caían en el FMI que les imponía condiciones muy férreas. Significaba que el país se convertía radicalmente a la tesis del neoliberalismo y tenía que admitir estas ideas como buenas.

En este tablero, digamos que la visión es relativamente pesimista. Muchos observadores en el primer tiempo de ocurrida la crisis pudimos ver cómo regresaba el estado. Los EE.UU., habían hecho del principio de reducción del estado una tesis fundamental y vimos cómo se lanzó en una serie espectacular de nacionalizaciones.

Estados Unidos, tanto al final de la presidencia de (George) Bush y el principio de (Barak) Obama tuvo una política de nacionalización de la banca, de sectores industriales como los automóviles, como los estados socialistas en el mundo la han tenido. Decíamos, era el regreso del estado. No era una medida de avance hacia el socialismo pero sí para un neo keynesianismo.

En la larga historia de la economía moderna, nunca ha habido un periodo en la economía donde el sector privado haya querido excluir al estado de la economía. Nunca. La norma histórica era la cohabitación del sector estatal y del privado. El mercado hasta donde sea necesario y el estado hasta donde es indispensable. Este tipo de ajuste, ha funcionado y en el periodo neoliberal se llegó a concebir la idea de que -el mercado- podría eliminar radicalmente o reducirlo a una especie de embrión sin importancia o arrinconarlo.

Entonces, pensábamos: la balanza regresa y vamos a entrar en un periodo de capitalismo neokeynesiano. Pero, pienso en este momento, ni siquiera esa lección se ha aprendido. Porque las medidas de corrección han sido multimillonarias y los estados han gastado centenares de miles de millones de dólares para salvar al sector bancario. Hoy vemos que ese sector, sin ningún tipo de remordimientos de mala conciencia, está atacando a los propios estados, reprochándole en cierta medida de haberlos ayudado y por consiguiente hay una especie de cinismo. (…)

El tablero de la Geopolítica

Observamos que el actor principal sigue siendo Estados Unidos y que en particular desde 1989 desde la caída del muro de Berlín y la desaparición de la Unión Soviética lo que antes era un mundo bipolar, ahora es unipolar.

La dominación militar, en particular, es efectivamente no discutible por lo menos en teoría. La hegemonía de la hiperpotencia norteamericana es real y esta constatación es lo que condujo al gobierno del presidente Bush a querer traducirla desde lo geopolítico con la guerra de Irak y de Afganistán.

Pero, en realidad, nos damos cuenta de que esta hegemonía no se traduce en una dominación real del mundo por los Estados Unidos. Teóricamente si. Pero, no en la realidad. En los últimos diez años han demostrado que el unilateralismo hoy es imposible. Fue como un sueño norteamericano de querer desembarazarse de la Unión Soviética para salir del bilateralismo durante la guerra fría.

Pero este sueño de dominar al mundo solo, en esta especie de soledad arrogante, no va a durar mucho tiempo. Porque la realidad de la guerras de Irak y de Afganistán, o simplemente la realidad del desorden que se mantiene en el oriente próximo, por más importantes que sean sus recursos militares no es capaz de llevar a cabo en el terreno su supremacía.

EE.UU. no ha ganado ninguna guerra. No consigue pacificar el oriente próximo ni redefinir el mapa como se proponían los estrategas norteamericanos. Y el tiempo en cierta medida se ha agotado. En el mundo de hoy los conflictos siguen estando localizados en un solo lugar del planeta.

Vivimos un mundo pacificado desde el punto de vista militar. Nunca ha habido un mundo con tan pocas guerras como hoy, contrariamente a las imágenes que nos dan los medios de comunicación. Podemos decir, que no hay conflictos militares tradicionales. En este momento, en el mundo, no hay una guerra entre dos estados y fuera de lo que yo llamo el "foco perturbador" hay muy pocos conflictos.

El conflicto colombiano lleva 50 años. Muy pocos en Asia, la guerra de Sri Lanka que ya terminó, en Filipinas quedan algunos elementos, en África ningún conflicto inter estado, y todos los conflictos del mundo son de un estado contra una organización no estatal armada.

El símbolo del conflicto dominante de nuestra época, el conflicto ejemplar, representativo de los conflictos del mundo es el que opone Estados Unidos con el adversario principal Al Qaeda. Y Al Qaeda es una organización no estatal, que no tiene territorio, un grupo muy difícil de identificar, invisible, y que puede aparecer en cualquier momento con una capacidad de destrucción importante etc.

Y los demás conflictos están en ese foco perturbador, de esa región que va del este de Pakistán, en la frontera entre la India y Paquistán, en el norte pasa por Cachemira o el Cáucaso ruso, el Kurdistán turco. En el este termina en Somalia y en el sur Yemen y Somalia. En el seno de ese círculo se sitúan el 90 por ciento de los conflictos.

Cachemira e India en Pakistán; el conflicto de Pakistán una potencia nuclear, la guerra de Afganistán, la guerra de Irak, las tensiones creadas en torno a Irán -sobre la perspectiva si tendrá o no armas nucleares-, los conflictos israelo-árabe, israelo-palestino, israelo-milanés. Los conflictos en torno al Yurdistán ruso, el Cáucaso -hemos visto unas consecuencias dramáticas en Rusia- y está Somalia efectivamente una zona de anomia, quizás Kangasur. Pero fuera de esa área no hay conflictos.

Pero en el seno de esa área, no solo está Estados Unidos muy presente con centenares de miles de hombres, sino que está la principal organización de la alianza militar en el mundo es decir la OTAN. Ninguna guerra se gana. Ni Israel ha ganado su guerra, evidentemente ha ganado muchas batallas, es una superpotencia militar, pero el conflicto sigue.

Por otra parte, EE.UU. no ha podido evitar que el área de inestabilidad se extienda. En el curso estos años, por ejemplo, Corea del Norte se ha dotado del arma nuclear, no la tenía, la tiene ahora.

América Latina

Por otra parte, en América Latina, EE.UU. se ha visto obligado a prestarle menos atención en la medida en que estaba concentrado masivamente en el oriente próximo después de los atentados del 11 de septiembre de 2001.

En América latina, hay estados muy críticos y que además han establecido una serie de alianzas horizontales con los países árabes, con el mundo africano, con China; Rusia, es un actor importante cuando antes no estaba presente.

Curiosamente, durante la guerra fría, había un solo aliado de la US, Cuba. Hoy, hay muchos aliados de China y de Rusia en A.L. Es decir, que la influencia real de Estados Unidos, ha retrocedido. No quiere decir esto que no la tenga, sigue teniendo influencia y además trata de recuperarla con la cuarta flota etc.

También los países latinoamericanos multiplican las alianzas entre ellos: Unasur, el Alba, etc., uniones económicas que se han desarrollado. Y por consiguiente a escala internacional los EE.UU. a pesar de ser la única superpotencia, hoy día vemos que se ven obligados a compartir el liderazgo.

Y por ejemplo han hecho todo por evitar que Naciones Unidas que tiene cada vez menos la posibilidad de controlar la actividad de Estados Unidos ha conseguido crear un grupo que se ha autodesignado como piloto de tormenta lo que llamamos el G8. Pero, cuando estalló la crisis económica en el primer tablero se vio que no era suficiente para pilotear las dificultades del mundo y Washington ha tenido que aceptar que se amplíe al G20 donde están representados una serie de países de AL, entre ellos, Argentina.

Por otra parte, China se ha transformado en una de las primeras potencias comerciales del mundo y hoy hay alianzas con Brasil, Rusia, África del Sur, India y China que constituyen una perspectiva que le crea un contrapeso importante a los EE.UU. En este segundo tablero las cosas no son lo que parecen, si no lo observamos en detalle.

El tablero de la vida de las sociedades

El tablero tres, es extremadamente importante porque significa las vidas de las sociedades.

Quisiera recordarles algunas cifras que todos conocen pero que conviene tener memoria. Cuando termine de hablar durante 45 minutos: habrán muerto 45 mujeres en el mundo durante el parto; 90 niños habrán muerto solo en África por malaria, porque mueren dos por minuto, constantemente; 450 niños van a morir porque han bebido agua de mala calidad. (10 por minuto, de cada día, semana, de cada mes, de cada año); 945 niños de menos de cinco años habrán muerto por enfermedades fácilmente curables porque mueren 21 niños por minuto por falta de medicamentos.

Es decir, todas estas personas que van a morir mientras estamos hablando; y de lo cual los medios de comunicación no hablarán porque no tiene nada de excepcional, no habrán muerto por fatalidad, sino porque son pobres. Lo que mata a estas personas es la pobreza.

Y ustedes saben que los pobres abundan en esta tierra, porque el 40 por ciento de la humanidad vive con menos de 2 dólares al día -somos 6500 millones de habitantes-, piensen, que una vaca europea recibe una subvención diaria de 5 dólares al día. En este mundo vale más ser una vaca europea que una persona pobre del mundo. Es absolutamente trágico.

A pesar de los esfuerzos que se están haciendo en materia de educación sigue habiendo más de 800 millones de analfabetos en el mundo de los cuales 70 por ciento son mujeres o niños. Casi un poco más de un tercio de la humanidad no dispone de alcantarillas, y de baños, y hace sus necesidades en la naturaleza contaminando y difundiendo enfermedades. Y una persona de cada tres no tiene electricidad.

Por consiguiente, las cuestiones de desarrollo siguen siendo cuestiones prioritarias en el mundo, cuando lo que sobra es el dinero. Sobra dinero para dar hasta una renta personal, de por vida, a cada ciudadano del mundo por eso varias asociaciones de ciudadanos piden que se cree esta renta de subsistencia, porque existen los medios para hacerlo.

Durante el periodo neoliberal, todas las ayudas al desarrollo y estatales han sido disminuidas y al contrario se ha transferida la responsabilidad al sector privado. Se llama sector humanitario y ahora asume esta función exigiendo y culpabilizando a la sociedad que tiene que dar dinero para ayudar a los damnificados de Haití, a los niños pobres de África, cuando los estados han dejado de hacerlo.

En los noventa, la ayuda al desarrollo de los países ricos contribuía con el 0,33 por ciento del PIB y se pide el 0,7 por ciento. Hoy, los países ricos consagran el 0,25 mucho menos que en los noventa. En este tercer tablero vemos que la sociedad pide mayor justicia social, mayor igualdad, y mayor esfuerzo al desarrollo.

Y las relaciones de riqueza y pobreza no han cambiado. Recuerden que si dividimos la población mundial en cinco grupos de acuerdo a sus recursos, el primer grupo 20 por ciento de la población mundial posee el 80 por ciento de los recursos y el último grupo, el más pobre, posee menos del 0, 5 por ciento de la riqueza.

Este es un mundo desigual, y es absolutamente excepcional que los 3 mil millones de habitantes no se subleven. Es un milagro; que no protesten más, que no reclamen más, que no griten más fuerte, con este desorden establecido.

La crisis climática

Y quisiera terminar con el cuarto tablero que obviamente se ha transformado en los últimos tiempos en el más importante. A pesar de que cada uno de los otros es capital. Porque ahora sentimos que la principal amenaza, para todos nosotros, en tanto género humano, es la crisis climática que no va hacer distinciones entre los países desarrollados y no desarrollados, entre las familias acaudaladas y las desheredadas. La crisis climática es para todos.

Es decir, que el modelo mismo de desarrollo que hemos adoptado, tan desigual, este modelo de explotación de la naturaleza y de producción, está creando un efecto invernadero que provoca un recalentamiento con miles de desórdenes climáticos que empezamos a ver. Se están derritiendo los glaciares, los polos, se está calentando el agua de mar, está aumentando el nivel del mar y pone en peligro la existencia de países en particular archipiélagos.

Está aumentando la desertificación en muchas regiones del mundo y si esto aumenta se producirán las guerras climáticas. Ustedes han oído hablar de la guerra de Sudán: es la primera guerra climática; porque la zona desértica se ha extendido hacia el norte y ha empujado a las poblaciones nómadas que ahí podían subsistir, hasta las zonas donde están los campesinos establecidos y esto ha producido un choque que ha causado centenares de miles de muertos.

Pero, se estima que, si seguimos degradando el clima, y no cambiamos el modelo energético, son centenares de millones de personas las que se pondrán en movimiento para huir de las zonas inundadas o desérticas. Ayer comentábamos con el doctor Cepeda en San Juan -una provincia hermosa, excepcional, un oasis gracias a las aguas del Río San Juan que vienen de un glaciar-, que el día que ese glaciar desaparezca, desaparecerá San Juan, y los habitantes se irán a otras partes y tendremos guerras climáticas al interior de los países.

Es dramático, que en la conferencia de Copenhague -estaba presente ahí- no haya tenido resultados por la ceguera, el egoísmo, la miopía que tienen muchos dirigentes - no todos-afortunadamente los dirigentes latinoamericanos han sido absolutamente coherentes, especialmente el presidente boliviano Evo Morales, el venezolano Hugo Chávez y el ecuatoriano Rafael Correa.

Los cinco desafíos

Si vemos estos tableros, enfrentamos cinco grandes desafíos. Primero: el cambio climático. Cada uno de nosotros debe estar conciente que este es el peligro inminente para la especie humana. Segundo, la bomba de la pobreza. Pasa el tiempo y el número de pobres aumenta. Aunque, en algunos países de América Latina disminuye gracias a las políticas progresistas de muchos gobiernos. Tercero, el fin del petróleo, la necesidad de un cambio de la energía dominante. Cuarto, una amenaza que no se puede excluir de guerra nuclear, o por lo menos de proliferación nuclear. Quinto, una amenaza de quiebre de estados y de hiperinflación para borrar los efectos de la crisis sistémica y que se traduce en más pobreza para los pueblos.

Cinco medidas urgentes que convendría tomar:

1-Instaurar una tasa internacional de redistribución solidaria sobre los beneficios financieros, bursátiles y del mercado de cambio.

Es indispensable, necesario, urgente. Muchos países capitalistas lo están diciendo.

2- Suprimir los paraísos fiscales, es más urgente que nunca. Los han suprimido administrativamente pero existen.
3- Instaurar una tasa carbono internacional. Si hay una producción con alto consumo de CO_2 que produce el efecto invernadero debe estar tasada más altamente para incitar a producir productos con menos carbono.

4- Producir la desnuclearización del mundo
5- Suprimir definitivamente, sin que se vuelva a discutir, la deuda externa a los países pobres.

Muchas gracias".

[Transcripción y edición Katy García

14.05.10 - Mundo
Sepa lo que es el capitalismo
Atilio Borón

Doctor en Ciência Política por la Universidad de Harvard y profesor titular de Teoria Política en la

UBA (Universidad de Buenos Aires). Director del PLED, Programa Latinoamericano de Educación a Distancia en Ciencias Sociales
Adital
El capitalismo tiene legiones de apologistas. Muchos lo hacen de buena fe, producto de su ignorancia y por el hecho de que, como decía Marx, el sistema es opaco y su naturaleza explotadora y predatoria no es evidente ante los ojos de mujeres y hombres. Otros lo defienden porque son sus grandes beneficiarios y amasan enormes fortunas gracias a sus injusticias e inequidades. Hay además otros ("gurúes" financieros, "opinólogos", "periodistas especializados", académicos "bienpensantes" y los diversos exponentes del "pensamiento único") que conocen perfectamente bien los costos sociales que en términos de degradación humana y medioambiental impone el sistema. Pero están muy bien pagados para engañar a la gente y prosiguen incansablemente con su labor. Ellos saben muy bien, aprendieron muy bien, que la "batalla de ideas" a la cual nos ha convocado Fidel es absolutamente estratégica para la preservación del sistema, y no cejan en su empeño.

Para contrarrestar la proliferación de versiones idílicas acerca del capitalismo y de su capacidad para promover el bienestar general examinemos algunos datos obtenidos de documentos oficiales del sistema de Naciones Unidas. Esto es sumamente didáctico cuando se escucha, máxime en el contexto de la crisis actual, que la solución a los problemas del capitalismo se logra con más capitalismo; o que el G-20, el FMI, la Organización Mundial del Comercio y el Banco Mundial, arrepentidos de sus errores pasados, van a poder resolver los problemas que agobian a la humanidad. Todas estas instituciones son incorregibles e irreformables, y cualquier esperanza de cambio no es nada más que una ilusión. Siguen proponiendo lo mismo, sólo que con un discurso diferente y una estrategia de "relaciones públicas" diseñada para ocultar sus verdaderas intenciones. Quien tenga dudas mire lo que están proponiendo para "solucionar" la crisis en Grecia: ¡las mismas recetas que aplicaron y siguen aplicando en América Latina y África desde los años ochenta!

A continuación, algunos datos (con sus respectivas fuentes) recientemente sistematizados por CROP, el Programa Internacional de Estudios Comparativos sobre la Pobreza radicado en la Universidad de Bergen, Noruega. CROP está haciendo un gran esfuerzo para, desde una perspectiva crítica, combatir el discurso oficial sobre la pobreza elaborado desde hace más de treinta años por el Banco Mundial y reproducido incansablemente por los grandes medios de comunicación, autoridades gubernamentales, académicos y "expertos" varios.

Población mundial: 6.800 millones, de los cuales

* 1.020 millones son desnutridos crónicos (FAO, 2009)

* 2.000 millones no tienen acceso a medicamentos (www.fic.nih.gov)

* 884 millones no tienen acceso a agua potable (OMS/UNICEF 2008)

* 924 millones "sin techo" o en viviendas precarias (UN Hábitat 2003)

* 1.600 millones no tienen electricidad (UN Habitat, "Urban Energy")

* 2.500 millones sin sistemas de drenajes o cloacas (OMS/UNICEF 2008)

* 774 millones de adultos son analfabetos (www.uis.unesco.org)

* 18 millones de muertes por año debido a la pobreza, la mayoría de niños menores de 5 años. (OMS)

* 218 millones de niños, entre 5 y 17 años, trabajan a menudo en condiciones de esclavitud y en tareas peligrosas o humillantes como soldados, prostitutas, sirvientes, en la agricultura, la construcción o en la industria textil (OIT: La eliminación del trabajo infantil: un objetivo a nuestro alcance, 2006)

* Entre 1988 y 2002, el 25% más pobre de la población mundial redujo su participación en el ingreso mundial desde el 1,16% al 0,92%, mientras que el opulento 10% más rico acrecentó sus fortunas pasando de disponer del 64,7 al 71,1% de la riqueza mundial. El enriquecimiento de unos pocos tiene como su reverso el empobrecimiento de muchos.

* Sólo ese 6,4 % de aumento de la riqueza de los más ricos sería suficiente para duplicar los ingresos del 70% de la población mundial, salvando innumerables vidas y reduciendo las penurias y sufrimientos de los más pobres.

Entiéndase bien: tal cosa se lograría si tan sólo se pudiera redistribuir el enriquecimiento adicional producido entre 1988 y 2002 del 10% más rico de la población mundial, dejando intactas sus exorbitantes fortunas. Pero ni siquiera algo tan elemental como esto es aceptable para las clases dominantes del capitalismo mundial.

Conclusión: si no se combate la pobreza (¡ni se hable de erradicarla bajo el capitalismo!) es porque el sistema obedece a una lógica implacable centrada en la obtención del lucro, lo que concentra la riqueza y aumenta incesantemente la pobreza y la desigualdad económico-social.

Después de cinco siglos de existencia esto es lo que el capitalismo tiene para ofrecer. ¿Qué esperamos para cambiar al sistema? Si la humanidad tiene futuro, será claramente socialista. Con el capitalismo, en cambio, no habrá futuro para nadie. Ni para los ricos ni para los pobres. La sentencia de Friedrich Engels, y también de Rosa Luxemburgo: "socialismo o barbarie", es hoy más actual y vigente que nunca. Ninguna sociedad sobrevive cuando su impulso vital reside en la búsqueda incesante del lucro, y su motor es la ganancia. Más temprano que tarde provoca la desintegración de la vida social, la destrucción del medio ambiente, la decadencia política y una crisis moral. Todavía estamos a tiempo, pero ya no queda demasiado.

[Fuente: Rebelión].

Martes, 13 de abril de 2010

La guerra, el gran negocio del mundo

David Rodríguez Seoane (CCS)

La escena introductoria de El señor de la guerra, película protagonizada por Nicholas Cage, muestra en primer plano el proceso que sigue una bala. El siniestro viaje que se describe abarca desde su creación, en una fábrica de armas del primer mundo, hasta que es disparada por un fusil para finalizar su trayectoria alojada en la cabeza de un niño africano. Tres minutos de cinta fílmica que deberían servir para despertar las conciencias. ¿Cuánto tiempo más podremos permanecer callados mientras se repite una y otra vez el mismo proceso?.

Ésta es únicamente una pequeña muestra de lo que supone la extrema codicia del "negocio de la guerra". Un negocio que no entiende de crisis. El año pasado, sólo en España se movieron más de 1.300 millones de dólares, según datos del SIPRI (Stockholm International Peace Research Institute), organización que contabiliza el comercio de armamento pesado en el mundo. Una cifra desorbitada que coloca a este país en el sexto lugar en el escalafón de exportadores por encima de países como China o Israel. Tanto es así que, en plena recesión económica, mientras el sector inmobiliario o el automovilístico se paralizaron, la venta de aeronaves, vehículos blindados, embarcaciones militares o material de artillería, se incrementó en un 53% respecto al curso anterior. Varias organizaciones como Intermón Oxfam o Amnistía Internacional ya han pedido la comparecencia ante el Congreso de la secretaria de Estado de Comercio para que explique las condiciones de este tipo de transacciones.

El mercado del fuego y el acero nunca descansa. En los últimos días se ha desvelado que los contratos firmados entre Rusia y Venezuela para la adquisición de material bélico por parte del gobierno de Hugo Chávez alcanzarán un valor total de 5.000 millones de dólares. Esta suma servirá para costear la compra de un lote de 92 tanques, helicópteros militares y un sistema de defensa antiaérea. Decenas de operaciones como ésta se ejecutan cada año para mantener a flote una industria.

Cuantos más focos bélicos haya en el mundo mayor volumen de negocio tendrán los "señores de la guerra". Conflictos armados como los de Afganistán o el de Irak han hecho que en la última década el gasto militar internacional haya aumentado en un 45%. Todo ello sin contar las cantidades que se generan en torno al tráfico ilícito de armas. Un coste que, más allá de las cifras monetarias, se lleva la vida cada año de, al menos, 740.000 personas, según datos de la ONU. Este comercio, desarrollado fuera de los márgenes legales, contribuye al fortalecimiento de la delincuencia organizada y vulnera la estabilidad política, social y económica de los Estados afectados. Países latinoamericanos como México o Colombia, inmersos en sendas luchas contra el narcotráfico y las guerrillas (FARC) respectivamente, pueden dar buena cuenta de ello.

La paradoja que provoca esta situación es que los mismos países que intervienen y median en los conflictos son los mismos que permiten y se enriquecen con el tráfico de armas, ya sea desarrollado por cauces legales o ilegales. En este sentido, Estados Unidos, sobre todo durante la administración Bush, representa el caso paradigmático. El gigante norteamericano es el motor principal de la industria militar. El 41% del desembolso mundial pasa por sus arcas. Además, su "cruzada" contra el terrorismo internacional y su fomento de la inseguridad ha provocado que en los últimos años muchos países hayan comenzado un rearme progresivo de su potencial bélico.

Con todo ello, la cuestión realmente importante no radica en la legalidad de este comercio sino en su moralidad. No es de recibo que con todos los males de los que sufre la humanidad sea el negocio de las armas el más fructífero del planeta y también al que más horas de investigación se le dedica. No, cuando cada minuto muere en el mundo una persona por herida de bala.

Sin duda, la compraventa de armas conforma una gran industria en la que se implican numerosos intereses tanto públicos como privados. Los ingentes beneficios que se producen configuran estos flujos como un mercado muy tentador a sabiendas incluso del fin para el que son creadas: matar. Así es el gran negocio de la muerte. Pero eso sí, no olvidemos que las armas por sí solas no matan, matan las personas.

David Rodríguez Seoane es periodista.

Viernes, 21 de mayo de 2010

El imperio manda, las colonias obedecen

Frei Betto - João Pedro Stédile (ALAI)

Luego de la Segunda Guerra Mundial, cuando las fuerzas aliadas salieron victoriosas, el gobierno de EE UU intentó sacar el máximo provecho de su victoria militar. Articuló la Asamblea de Naciones Unidas dirigida por un Consejo de Seguridad integrado por los siete países más poderosos, con poder de veto sobre las decisiones de los demás.

Impuso el dólar como moneda internacional, sometió a Europa al plan de subordinación económica conocido como Marshall, e instaló más de 300 bases militares en Europa y en Asia, cuyos gobiernos y mass media jamás levantan la voz contra esa intervención flagrante.

No se arrodilló el mundo entero a la Casa Blanca sólo porque existía la Unión Soviética para equilibrar la correlación de fuerzas. Contra esta última, los EE UU entablaron una guerra sin limitaciones, hasta derrotarla política, militar e ideológicamente.

A partir de la década de 90, el mundo quedó bajo hegemonía total del gobierno y del capital estadounidenses, que pasó a imponer sus decisiones a todos los gobiernos y pueblos, los cuales fueron tratados como vasallos coloniales.

Cuando todo parecía que estaba en calma en el imperio global, dominado por el Tío Sam, es que surgen las resistencias. En América Latina, además de Cuba, otros pueblos eligen gobiernos antiimperialistas. En Oriente Medio, los EE UU tuvieron que recurrir a las invasiones militares a fin de mantener el control sobre el petróleo, sacrificando miles de vidas de afganos, iraquíes, palestinos y paquistaníes.

En ese contexto, surge en Irán un gobierno decidido a no someterse a los intereses de EE UU. Dentro de su política de desarrollo nacional, instala centrales nucleares y eso es intolerable para el Imperio.

La Casa Blanca no acepta la democracia entre los pueblos, que significa que todos los países tengan derechos iguales. No acepta la soberanía nacional de otros pueblos. No admite que cada pueblo y su respectivo gobierno controlen sus recursos naturales.

Los EE UU transfirieron tecnología nuclear a Pakistán e Israel, que hoy poseen la bomba atómica. Pero no toleran el acceso de Irán a la tecnología nuclear, incluso con fines pacíficos. ¿Por qué? ¿De dónde derivan tales poderes imperiales? ¿De alguna convención internacional? No, sólo de su prepotencia militar.

En Israel, hace más de veinte años, Moshai Vanunu, que trabajaba en la central atómica, preocupado con la inseguridad que eso representaba para toda la región, denunció que el gobierno ya tenía la bomba. Resultado: fue secuestrado y condenado a prisión perpetua, conmutada a 20 años, después de una gran presión internacional. Hasta hoy vive en arresto domiciliario, prohibido de contactar con cualquier extranjero.

Todos estamos contra el armamentismo y las bases militares extranjeras en nuestros países. Somos contrarios al uso de la energía nuclear, debido a los altos riesgos, y al uso abusivo de enormes recursos económicos en gastos militares.

El gobierno de Irán osa defender su soberanía. El gobierno usamericano no invadió militarmente a Irán sólo porque éste tiene 60 millones de habitantes, es una potencia petrolífera y posee un gobierno nacionalista. Las condiciones son muy diferentes al del atolladero llamado Irak.

Felizmente, la diplomacia brasileña y de otros gobiernos se involucró en la contienda. Esperamos que sean respetados los derechos de Irán, como de cualquier otro país, sin amenazas militares.

Nos queda abogar para que aumenten las campañas, en todo el mundo, por el desarme militar y nuclear. Ojalá cuanto antes se destinen los recursos destinados a gastos militares para solucionar problemas como el hambre, que afecta a más de mil millones de personas.

Los movimientos sociales, ambientalistas, iglesias y entidades internacionales se reunieron recientemente en Cochabamba, en una conferencia ecológica mundial, convocada por el presidente Evo Morales. Se decidió preparar un plebiscito mundial, en abril de 2011. Las personas serán convocadas a reflexionar y votar si están de acuerdo con la existencia de bases militares extranjeras en sus países; con los excesivos gastos militares y con el hecho de que los países del Hemisferio Sur continúen pagando la cuenta de las agresiones al medio ambiente practicadas por las industrias contaminadoras del Norte.

La lucha será larga, pero en esa semana podemos celebrar una pequeña victoria antiimperialista.

La dictadura financiera

Xavier Caño Tamayo (CCS)

Los 'mercados' hacen lo que les da la gana impunemente, hundiendo a quien sea mientras obtienen obscenos beneficios. Es la dictadura financiera. Dictadura camuflada, maquillada, disfrazada y travestida para aparentar ser natural, necesaria e inevitable. Pero dictadura.

Carlos Berzosa nos ha recordado recientemente un texto de "Contra la tercera vía", de Alex Callinicos, en el que varios economistas asesores del presidente Clinton le informan de que lo urgente no es hacer las reformas económicas de su programa electoral, sino disminuir el déficit público para calmar a los mercados. Clinton, muy cabreado, pregunta: "¿El éxito del programa y de mi reelección depende de la Reserva Federal y de un puñado de mercaderes de bonos?" Y nadie se lo negó.

Gentes amorales, guiadas por una codicia obscena, gentes que nadie ha elegido jamás y nunca se han sometido al veredicto de las urnas, corrompen impunemente la economía. Inductores, ejecutores, cómplices necesarios y encubridores. Son los especuladores, evasores de impuestos, bancos y otras entidades financieras, grandes corporaciones, dirigentes de entidades económico-financieras internacionales... Con la inestimable colaboración de gobiernos serviles más los dueños y dirigentes de los medios llamados informativos... La minoría privilegiada.

Ike Eisenhower, en su último discurso a la nación como presidente, advirtió que "debemos guardarnos del complejo industrial militar. No debemos permitir jamás que el peso de su influencia ponga en peligro nuestras libertades ni nuestra democracia".

Sustituyan 'complejo militar industrial' por tinglado económico-financiero y tendrán el diagnóstico de nuestros días. La dictadura financiera.

Da igual, por ejemplo, que índices económicos de España apunten a la recuperación (según sus neoliberales esquemas); las agencias de calificación rebajan la calidad de la deuda española. Porque sólo interesa especular y ganar ingentes cantidades de dinero al margen de la economía real. Lo demás, decorado.

Nadie los ha elegido ni ratificado, no tienen jamás en cuenta los derechos de la gente, invaden y contaminan los poderes del estado, son responsables del aumento de la pobreza, de más hambre en el mundo, de tantas miles de muertes que no tenían que ser, de que miles de millones no tengan nada, forzados a vivir sin dignidad. Y nadie les pide cuentas.

¿Qué ocurrirá en Grecia si los propios griegos no ponen freno a la receta neoliberal forzada por el FMI y la Unión Europea? Acaso reduzcan la deuda pública, pero maldita la gracia cuando la mayoría de los ciudadanos griegos estará mucho peor, con una vida mucho más difícil. Y detrás ya va España. El gobierno dicho socialista perpetra el mayor recorte social de la historia contemporánea española: rebaja del 5% del sueldo de los funcionarios, congelación de pensiones, recorte de gasto farmacéutico, recorte en inversión de infraestructuras (por tanto, menos empleo), recorte de ayuda al desarrollo de países empobrecidos... Pero a los que más tienen, ni tocarlos. Los ricos continuarán invirtiendo en el paraíso fiscal de las SICAV: Sociedad de Inversión de Capital Variable (empresas de inversión muy queridas por personas con grandes capitales, que sólo pagan un 1% de impuesto). No parecen medidas propias de quien dice ser socialista.

Porque lo que interesa es la suerte de la mayoría de la gente. No que los tramposos mercados estén tranquilos y especulen a su antojo. El diagnóstico fiable de un país es cómo está y vive la mayoría de sus ciudadanos. El resto es farfolla.

Y, como nos recuerda el profesor Juan Torres, "lo que ha provocado la situación de Grecia (aparte de la política neoliberal impuesta por la Unión Europea) ha sido la corrupción protagonizada por los gobiernos griegos conservadores. Y que quienes hicieron trampas (en delictivo chalaneo con bancos de inversión para obtener ganancias ocultando la deuda griega real) son quienes defienden las políticas neoliberales".

Ojo avizor porque, como advierte la Confederación Europea de Sindicatos, los recortes de gastos sociales y rebajas salariales de hoy en Grecia y España son las políticas que se impondrán pronto en toda Europa... Si no se impide.

Durante el nazismo alemán, fascismo italiano, franquismo español, dictadura de Pinochet o de los militares argentinos, surgieron grupos de resistencia, de oposición frontal, que lucharon contra esas dictaduras por la democracia. Hoy habrá que hacer lo mismo contra la dictadura financiera.

SOCIEDAD ›
SEGÚN UNA PUBLICACIÓN MÉDICA, NO SE DEBEN USAR PARA PREVENIR ATAQUES CARDÍACOS

Una advertencia por las aspirinas
El prestigioso British Journal of Medicine, órgano de la Asociación Médica Británica, llamó

a desalentar el uso continuado en bajas dosis de este medicamento para prevención primaria. Sostiene que los datos disponibles no lo justifican

Por Pedro Lipcovich

"No use aspirina para prevenir ataques cardíacos." Así, en imperativo, está escrito el título de un artículo en el British Journal of Medicine, órgano de la Asociación Médica Británica, que procura desalentar en profesionales y pacientes el uso continuado de este medicamento en bajas dosis con aquel propósito: el problema –verificado por distintos trabajos científicos en los últimos meses– es que las propiedades anticoagulantes de la aspirina, que disminuyen el riesgo de que se tapen las arterias, al mismo tiempo aumentan el riesgo de hemorragias graves en el aparato digestivo o en el cerebro. La inutilidad o inconveniencia del uso de aspirina se verificó, también, por los mismos motivos, para personas hipertensas o diabéticas. En la Argentina, sin embargo, la firma Bayer prosigue con su campaña publicitaria "¿Tomaste tu aspirineta hoy?", para convencer de que este producto "puede prevenir uno de cada tres infartos sin otros factores de riesgo".

La nota del British Journal lleva las firmas de Helen Barnet y Ike Iheanacho, editores de la publicación, y de Peter Burrill, asesor de salud pública en Derbyshire. El texto empieza por advertir: "Para todos los pacientes que actualmente toman aspirina como prevención primaria (es decir, sin haber sufrido previamente ataques cardíacos o accidentes cerebrovasculares), debería reconsiderarse, en cada caso, si ese tratamiento se justifica". Por lo demás, recuerda que "la administración de bajas dosis diarias de aspirina está establecida en prevención secundaria" (es decir, en personas que ya sufrieron infartos u otros eventos graves).

Pero, en personas que no tengan esos antecedentes patológicos, "es dudoso que los beneficios de la aspirina superen los riesgos que implica". Esto se vincula con que "a largo plazo, el uso de bajas dosis de aspirina incrementa sustancialmente la probabilidad de hemorragias mayores".

Los autores citan un trabajo publicado este año en la prestigiosa revista médica The Lancet, que analiza resultados correspondientes a 95.000 participantes en estudios clínicos. Según esa investigación, "el uso de aspirina reduce la frecuencia de eventos vasculares importantes en aproximadamente 0,07 por ciento por año", pero, al mismo tiempo, "el uso de aspirina resultó en un incremento anual de un 0,03 por ciento en hemorragias mayores gastrointestinales u otros sangrados importantes".

Además, según el trabajo en The Lancet, la reducción de infartos por uso de aspirina "en su mayor parte –el 0,05 por ciento– se refiere a infartos de miocardio no mortales", y sucede también que los ataques cerebrales hemorrágicos pueden ser agravados por la acción anticoagulante de la aspirina. Por todo esto, "las tasas de mortalidad por enfermedades del corazón, coronarias y cerebrovasculares no fueron diferentes entre los que habían tomado aspirina y los que no la habían tomado".

Otros estudios citados en el artículo del British Journal se refieren a conjuntos de pacientes que habían pasado más de seis años tomando diariamente bajas dosis de aspirina: el resultado fue que "se evitaron unos tres eventos cardiovasculares por cada mil mujeres, y cuatro por cada mil hombres. Pero hubo un aumento de 2,5 hemorragias mayores por cada mil mujeres y de tres hemorragias mayores por cada mil hombres".

El artículo agrega que "una revisión de cinco pruebas clínicas en personas con hipertensión encontró que la aspirina tampoco reduce la probabilidad de eventos cardiovasculares en personas con presión arterial elevada", ya que "la magnitud del beneficio fue similar a la magnitud del daño". Otra revisión incluyó seis pruebas clínicas que incluían personas con diabetes: "No se halló disminución en la probabilidad de eventos cardiovasculares mayores, o toda otra causa de mortalidad, mediante el uso preventivo de aspirina en personas con diabetes". Siempre se trataba de personas que no habían tenido previamente infartos o eventos similares.

Otro ensayo clínico trabajó con 3350 personas que padecían aterosclerosis asintomática y habían tomado bajas dosis de aspirina (incluso en cápsulas con supuesta protección digestiva) durante más de ocho años. También en estos casos "la aspirina no fue más efectiva que el placebo para reducir la aparición de eventos coronarios o cerebrovasculares". En definitiva, "los datos actualmente disponibles no justifican el uso de aspirina para prevención primaria".

Los investigadores advierten que "varias guías publicadas entre 2005 y 2008 recomendaban aspirina para prevención de enfermedad cardiovascular en pacientes con diabetes tipo 2 y en aquellos con determinados riesgos aumentados de mortalidad por enfermedad cardiovascular"; pero hoy se advierte que "los factores que predicen eventos vasculares también predicen eventos hemorrágicos", que precisamente son propiciados por la aspirina.

Por todo ello, los editores del Journal –perteneciente a la Asociación Médica de Gran Bretaña– recomiendan a los profesionales "no indicar tratamientos con aspirina para prevención de enfermedades cardiovasculares; revisar los tratamientos ya existentes e involucrar a los pacientes en la decisión de ponerles fin".

Martes, 18 de mayo de 2010
Noticias censuradas de América Latina (I):
Progresos venezolanos en salud y disminución de la pobreza

Ernesto Carmona (especial para ARGENPRESS.info)

Decenas de noticias importantes sobre América Latina son censuradas o tergiversadas cada año por los grandes medios estadounidenses, mundiales y de la región.

El Proyecto Censurado Internacional de la Universidad Sonoma State de California rescata las historias periodísticas más relevantes y las difunde en su sitio web http://www.proyectocensurado.org/, que ahora tiene una versión en castellano. Académicos, estudiantes y ciudadanos de California preparan actualmente la versión 2010-2011 del informe Censurado 2009/2010, que selecciona las 25 historias periodísticas de todo el mundo más ocultadas por los grandes medios corporativos. Entre las casi 400 noticias "nominadas" en el proceso de selección en desarrollo para determinar las 25 historias "top" de la próxima edición, se consideraron numerosas noticias que atañen a América Latina.

A manera de ejemplo, un informe sobre los progresos de Venezuela en la consolidación de su sistema nacional de salud y la disminución de la pobreza, que fue publicado originalmente en inglés el 4 de marzo y firmada por Edward Ellis, en el sitio web http://venezuelanalysis.com/news/5173, fue considerado este año para el ranking anual de "las 25 noticias más censuradas" del Project Censored.

El informe consigna que la pobreza disminuyó al 23% de la población en el segundo semestre de 2009 –según el presidente del Instituto Nacional de Estadísticas (INE), Elías Eljuri–, mientras la pobreza extrema se redujo al 6%. Las cifras, halladas en el maremágnum de matrices de opinión mediática contrarias al gobierno de Hugo Chávez, contrastan substancialmente con los índices de 70% de pobreza y 40% de pobreza extrema existentes en Venezuela en 1996, dos años antes de la elección del actual jefe del Estado.

107

Venezuela también aumentó sus buenos resultados en salud y ampliará este año su programa de inmunización. Según el jefe del Estado, el plan nacional de vacunación inmunizará al 95% de la población contra 14 enfermedades a través de más de 2.000 nuevos centros de vacunación incorporados a las actuales unidades del programa Barrio Adentro.

"Estamos impulsando la salud preventiva, protegiendo a la población venezolana: vamos a visitar a hasta 6 millones de familias y vacunar a millones de niños y de adultos", dijo el informe de Venezuela Análisis, citando a Chávez. El gobierno también planea un financiamiento adicional para mejorar los hospitales y otros programas de salud. "Estamos dando prioridad a las salas de operaciones, salas de maternidad, laboratorios y centros de oncología en el Barrio Adentro III", dijo el ministro de Salud, Luis Reyes Reyes.

Barrio Adentro es el programa nacional de salud, creado por un acuerdo con Cuba en 2003, que suministra médicos y personal sanitario cubanos. y proporciona servicios primarios de salud libres de pago en toda Venezuela, explicó el informe. También añadió que Venezuela es el país de América Latina con menos inequidad, según el coeficiente Gini, la medida usada internacionalmente para medir la desigualdad en todo el planeta. Esta noticia "compite" con centenares de informaciones ocultas que "descubre" cada año el Proyecto Censurado para seleccionar "las 25 noticias 'top'" que se darán a conocer en septiembre.

El problema de fondo radica en que las estadísticas venezolanas sobre el mejoramiento de la calidad de vida y los avances en desarrollo humano no se reflejan en los informes de la Comisión Económica para América Latina y el Caribe (CEPAL) y ni en los reportes del Banco Mundial.

Martes, 1 de junio de 2010
Los mensajes del imperio

Andrés Sal.lari
(especial para ARGENPRESS.info)

La hipocresía es un elemento determinante en la actual política imperial; determinante y novedoso podríamos decir. Los viejos imperios no se andaban con vueltas a la hora de amenazar y arrasar pueblos enteros.

Pero la humanidad ha evolucionado y se ha revolucionado con los medios de comunicación masivos. Hoy puede verse la sangre; que la sociedad acepte una guerra implica más esfuerzos y las guerras ya no son para ampliar dominios, sino para extender la democracia. Eso nos los enseñó el siglo XX y lo perfecciona el XXI.

Hace poco más de 2 años se rumoreaba sobre la liberación de Ingrid Betancourt por parte de las FARC. Quienes trabajamos con la información estábamos muy atentos ante las gestiones de un enviado del gobierno francés en las selvas de Colombia, se había reunido o debía reunirse con Raúl Reyes en su campamento.

Pocos días después el gobierno colombiano atacó la base del líder guerrillero en territorio ecuatoriano y puso a la región al borde una guerra.

El presidente venezolano Hugo Chávez, calificó entonces a Colombia como el Israel de América Latina. La condena unánime que generó aquel ataque militar colombiano no fue acompañada por Washington.

Hace 6 días la secretaria de Estado de Estados Unidos, Hillary Clinton, dijo que un acuerdo firmado entre Irán, Brasil y Turquía hacía del mundo un lugar más inseguro.

Para fortalecer la teoría de Clinton, la Colombia del Medio Oriente (Israel), atacó y masacró a por lo menos 19 ciudadanos que viajaban en un barco cargado de asistencia humanitaria para la población de la bloqueada Franja de Gaza.

El barco tenía bandera turca y Tel Aviv ni siquiera tuvo la delicadeza de atacarlo dentro de sus límites territoriales, lo hizo en aguas internacionales para asegurarse que la provocación fuese más clara.

Si no fuera por la impunidad cultural con la que operan los medios de comunicación hegemónicos, este sistema debería estar largamente agotado.

Nos cansamos de escuchar y conocer las graves amenazas que para la paz del mundo representan gobiernos como los de Irán, Corea del Norte, Siria, Venezuela -o el más novedoso-, Brasil.

Sin embargo las acciones reales prácticamente no significan nada. Las acciones que verdaderamente ponen en riesgo la seguridad mundial siempre las llevan a la práctica el imperio y sus aliados y nunca nos enteramos de su peligrosidad.

Mientras el eje del mal sigue amenazando a la humanidad sin que se le conozcan acciones militares, los defensores de la democracia asesinaron a cientos de miles de iraquíes y vietnamitas, a otros tantos palestinos y a un número similar de colombianos; también a decenas de miles de afganos, a centenares de pakistaníes y a otros tantos libaneses; cuando se les ocurre pueden bombardear Somalia o Yemen.

De vez en cuando a alguno de los representantes de ese poder imperial se le escapa increíblemente una declaración de sinceridad y por 10 ó 15 segundos la hipocresía no cuenta.

La semana pasada, el presidente de Alemania, Horst Köhller visitó a las tropas de su país en

Afganistán y a su vuelta ofreció una entrevista en la emisora estatal Deutschlandradio, allí estimó que "la mayoría de los alemanes empieza a entender que un país tan poderoso como el nuestro, con una orientación hacia las exportaciones y con ciertas dependencias, tiene que saber que, si es necesario, hay que defender nuestros intereses con fuerza militar".

Quince segundos de sinceridad le costaron el cargo, el poder imperial tiene que decir que invade y mata por la democracia y no por defender sus intereses económicos, si alguno de sus representantes se atreve con la verdad, debe ser marginado del poder.

Son historias muy cruentas y genocidas las de todas esas guerras, pero nos siguen haciendo creer que los que nos amenazan son Ahmadineyad ó Chávez.

Hay que decir que a Irán sí se le puede achacar una conflagración armada, pero casualmente también fue fogoneada por Washington, cuando estos últimos apoyaron a Saddam Hussein para intentar derrocar a la revolución islámica en la década del ´80 del siglo pasado.

La liberación de Ingrid Betancourt era un gesto simbólico de trascendencia por parte de la guerrilla colombiana de cara a una posible negociación dentro del conflicto de ese país, pero no pudo ser porque el gobierno Álvaro Uribe asesinó al principal negociador.

Eso nunca fue calificado como una amenaza a la paz en la región por parte de Clinton ni de nadie que se le parezca.

El acuerdo entre Irán, Brasil y Turquía abría un marco interesante para discutir un trato diferente a Irán, mucho más cerca de la necesaria negociación que de la insana terquedad de no sentarse a dialogar con Teherán.

¿Pero cómo es que Turquía se sienta a negociar con Irán sin el aval de Washington?

Tres días después de la reprimenda verbal de Clinton, su principal aliado ataca militarmente un barco turco en aguas internacionales.

¿A alguien se le ocurre pensar que Washington pueda calificar este ataque como una acción que hace al mundo más inseguro?

Para este imperio enfermo que nos enferma a todos con su casi perfecto arsenal cultural, más amenazante y peligroso es la firma de un acuerdo político que un ataque militar contra un grupo de pacifistas armados con sillas de plástico y 10 mil toneladas de ayuda humanitaria.

Israel dice horas más tarde que no tiene que pedir perdón por defenderse.

El mensaje debe quedar bien en claro, el imperio quiere la guerra y no otra cosa; y la guerra no puede correr riesgos de detenerse, ni en el Medio Oriente, ni en Colombia, ni en la península coreana ni en ningún otro oscuro rincón del planeta (como le gustaba decir a George W. Bush).

La paz puede hacer al mundo un lugar mucho más inseguro para el imperio, por eso debe evitarse cueste lo que cueste
07.06.10 - América Latina y El Caribe
Obama Intensifica 'Guerra Secreta' y 'Operaciones Especiales' a nivel mundial. Venezuela, Bolivia en la mira

Eva Golinger
Abogada venezuelano-estadounidense
Adital

Una investigación del Washington Post acaba de revelar que el gobierno de Barack Obama ha expandido de manera significativa la guerra secreta contra Al-Qaeda y otros grupos "radicales".

Según el Post, se han aumentado las operaciones especiales a nivel mundial en presupuesto y cantidad. Hoy, las fuerzas especiales estadounidenses están operando en más de 75 países, cuando hace apenas un año estaban en 60 países. Más de 13 mil fuerzas especiales – militares y civiles, expertos en operaciones de inteligencia, guerra psicológica, asesinato selectivo, misiones de entrenamiento, acciones clandestinas, entre otras tareas – están desplegadas por el mundo; 9 mil de ellas están en Irak y Afganistán.

El investigador estadounidense Jeremy Scahill descubrió que la administración de Obama ha enviado equipos élites de fuerzas especiales, bajo el Comando de Operaciones Especiales Conjuntas, a Irán, Georgia, Ucrania, Bolivia, Paraguay, Ecuador, Perú, Yemen, Pakistán, Filipinas. Desde el año 2006, estos equipos clandestinos operan también en Venezuela, Colombia y México.

Planes existen para ataques preventivos o "anticipados" en "numerosos lugares en el mundo", según el periódico estadounidense. Washington solo espera activar los planes cuando ya una "amenaza" o "complot" haya sido identificado.

Un alto oficial militar del Pentágono afirmó que Obama está permitiendo muchas acciones, estrategias y operaciones que no fueron autorizadas durante el gobierno de George W. Bush. "Tenemos mucho más acceso" para las operaciones encubiertas, explicó otro funcionario del Pentágono.

Este incremento en operaciones especiales, junto al aumento de ataques con aviones no tripulados ("drones"), forma parte de la nueva Doctrina de Seguridad Nacional anunciada por el Presidente Obama la semana pasada. Una de las ventajas de utilizar "fuerzas secretas" para ejecutar misiones de alta importancia estratégica es justamente su naturaleza clandestina, y el hecho de que sus misiones y operaciones no son públicas. Así, Obama puede evitar las reacciones y críticas sobre sus políticas bélicas, mientras implementa la agenda imperial para satisfacer al Complejo Militar Industrial.

MÁS DINERO PARA GUERRA

Obama solicitó un aumento de 5.7% para el presupuesto de las Operaciones Especiales para el 2011, para un total de $6.3 mil millones de dólares, además de $3.5 mil millones adicionales para operaciones clandestinas de contingencia. El total del presupuesto de defensa de Washington para el 2011 es de $872 mil millones de dólares, con $75 mil millones más para la comunidad de inteligencia.

INTELIGENCIA Y SUBVERSION

Más allá de las acciones de guerra que realizan las fuerzas especiales, como asesinatos selectivos, secuestro y tortura, son equipos entrenados para también ejecutar misiones de inteligencia, infiltración, subversión y desestabilización. Las fuerzas especiales se entrenan durante años, aprendiendo idiomas y adaptándose a diferentes culturas, para poder penetrar e infiltrarlas de manera clandestina.

A principios del 2009, fue firmada la Doctrina de Guerra Irregular por el Presidente Obama, priorizando ésta forma de guerra sobre la guerra convencional. En la guerra irregular, el campo de batalla no tiene límites, y las tácticas y estrategias utilizadas son no-tradicionales.
La contrainsurgencia y la subversión, además del uso de fuerzas especiales para ejecutar operaciones clandestinas de guerra, son las principales técnicas empleadas para lograr desestabilizar al adversario "desde adentro".

Dentro de este concepto, fachadas y agencias, como la USAID, el National Endowment for Democracy y Freedom House, entre otras, son utilizadas para canalizar fondos a actores que promueven la agenda de Washington, y también para penetrar a la "sociedad civil" en países estratégicamente importante para los intereses imperiales.

Según otro alto oficial de las fuerzas especiales estadounidenses, citado por Scahill, "El mundo es el campo de batalla, y hemos regresado a este concepto…Estábamos alejándonos de esta visión, pero la administración de Obama la comparte".

Algunas de las operaciones especiales actuales son conducidas por la Fuerza de Tarea 714, que fue comandada por el General McChrystal, actual comandante de la guerra en Afganistán. Bajo el gobierno de Obama, ésta Fuerza de Tarea ha crecido y su presupuesto ha aumentado en 40%. "Ahora podemos hacer mucho más", reveló una fuente de las fuerzas especiales. "Ya no tenemos que trabajar desde las embajadas, ni tenemos que coordinar con el Departamento de Estado. Podemos operar desde donde queremos", afirmó.

Este año, Washington intentó clasificar a Venezuela como un "estado terrorista", junto a Cuba, Irán, Sudan y Siria. Sin embargo, mantuvieron a Venezuela en una lista de "países que no cooperan con la lucha contra el terrorismo", para no perjudicar el necesario suministro de petróleo venezolano a Estados Unidos. No obstante, el informe anual de la Dirección Nacional de Inteligencia de Washington, publicado en enero 2010, clasificó a Venezuela como "la principal amenaza" contra

Estados Unidos en este hemisferio, señalando al Presidente Hugo Chávez como el "líder antiestadounidense" en la región.

En los últimos años, Washington ha intensificado sus agresiones y operaciones de desestabilización contra Venezuela, buscando promover un "cambio de régimen" en el país con las más grandes reservas del petróleo en el mundo. No ha duda de que la "Guerra Secreta" de Obama continuará con estos esfuerzos.

14.06.10 - Paraguay
Cerca de 280 mil niños y adolescentes son explotados en actividades laborales

Tatiana Félix
Periodista de Adital
Adital
También dentro de las celebraciones del Día Mundial contra el Trabajo Infantil, Paraguay –como muchos países de América Latina– enfrenta varios problemas en la erradicación del trabajo infantil, según determinación de la Organización Internacional del Trabajo. De

acuerdo con datos divulgados por la Comisión Nacional para la Prevención y Erradicación del Trabajo Infantil y Protección del Trabajo de los(as) adolescentes (Conaeti), existen cerca de 280 mil niños y adolescentes que son explotados en algún tipo de actividad laboral.

Más de la mitad de este total corresponde a menores involucrados en trabajos peligrosos, como los forzados, de servidumbre y hasta de prostitución y pornografía. Éstas son algunas de las consideradas "peores formas de trabajo infantil".

Según la Conaeti, que está constituida por varios sectores, gobiernos e instituciones, la causa fundamental para la existencia del trabajo infantil es la situación de pobreza que acomete a miles de familias alrededor del mundo. El flagelo de estas familias llega a tal punto que su subsistencia depende de los ingresos de sus hijos, todavía niños o adolescentes, en el mundo del trabajo. "Sabemos que cuanto más trabajo infantil, mayor es la deserción escolar y menor el desarrollo integral de la infancia", resalta la Comisión.

Para reducir significativamente el trabajo infantil –enfatiza la Comisión– se debe "luchar decididamente contra la pobreza. Son necesarios programas específicos para las familias, acceso al trabajo decente para los adultos y asegurar que los niños, por debajo de la edad mínima de admisión al empleo, reciban educación de calidad".

El permanente cuadro de explotación del trabajo infanto-juvenil persiste en el mundo entero, aunque muchas organizaciones de la sociedad civil y gobiernos intenten contener esta práctica. Para ayudar al fortalecimiento de esta lucha es que desde 2002, el día 12 de junio fue elegido para celebrar el Día Mundial de Combate al Trabajo Infantil.

De acuerdo con datos de la Organización Internacional del Trabajo (OIT), sólo en América Latina y el Caribe, existen más de 14 millones de niños y adolescentes que trabajan. De este total, cerca de 4 millones se encuentran en la faja etaria de 15 a 17 años, y otros diez millones, o sea, la gran mayoría, tienen entre 5 y 14 años de edad. Un estudio realizado por la entidad, denominado "Aumentar la lucha contra el trabajo infantil", reveló que uno de cada diez niños, ejerce algún tipo de actividad en el continente latinoamericano y caribeño.

17.06.10 - Mundo
El imperio y la mentira
Fidel Castro Ruz
1er. Presidente del Consejo de Estado de la República de Cuba
Adital

El líder de la Revolución Cubana pone al descubierto una prueba del cinismo y la falta total de escrúpulos que caracterizan la política imperial de Estados Unidos al explicar detalles sobre las tensiones en la península coreana luego del hundimiento la corbeta sudcoreana Cheonan.

No me quedó otra alternativa que escribir dos reflexiones sobre Irán y Corea, que explican el peligro inminente de guerra con el empleo del arma nuclear. A su vez, expresé ya la opinión de que uno de ellos podía subsanarse si China decidía vetar la resolución que Estados Unidos promueve en el Consejo de Seguridad de Naciones Unidas. El otro depende de factores que escapan a toda posibilidad de control,

debido a la conducta fanática del Estado de Israel, convertido por Estados Unidos a su actual condición de fuerte potencia nuclear, que no acepta
control alguno de la superpotencia.

Cuando se produce la primera intervención de Estados Unidos para aplastar la Revolución Islámica en junio de 1953, en defensa de sus intereses y los de su estrecho aliado el Reino Unido, que llevó al poder a Mohammad Reza Pahlevi, Israel era un pequeño Estado que no se había apoderado todavía de casi todo el territorio palestino, parte de Siria y no poco de la vecina Jordania, defendida hasta entonces por la Legión Árabe, de la que no quedó ni la sombra.

Hoy los cientos de cohetes con ojivas nucleares, apoyados por los aviones más modernos que le suministra Estados Unidos, amenazan la seguridad de todos los Estados de la región, árabes y no árabes, musulmanes y no musulmanes, que están al alcance del amplio radio de acción de sus proyectiles, que pueden caer a pocos metros de sus objetivos.

El pasado domingo 30 de mayo, cuando escribí la reflexión El imperio y la droga, no había ocurrido todavía el brutal ataque contra la flotilla que transportaba víveres, medicamentos y artículos para el millón y medio de palestinos sitiados en un pequeño fragmento de lo que fuera su propia Patria durante miles de años.

La inmensa mayoría de las personas invierten su tiempo y luchan para enfrentar las necesidades que les impone la vida —entre ellas el alimento, el derecho a la recreación y al estudio, y otros problemas vitales de los familiares más allegados—; no pueden detenerse en la búsqueda de información sobre lo que está ocurriendo en el planeta. Uno los ve en cualquier parte con expresiones de nobleza y confiando en que otros se encargarán de buscar soluciones a los problemas que los agobian. Son capaces de alegrarse y sonreír. Alegran de esta forma a los que tenemos el privilegio de observar con ecuanimidad las realidades que nos amenazan a todos.

El extrañísimo invento de que Corea del Norte había hundido la corbeta sudcoreana Cheonan —diseñada con tecnología de punta, dotada con amplio sistema de sonar y sensores acústicos submarinos--, en aguas situadas frente a sus costas, la culpaba del atroz hecho que costó la vida de 40 marinos sudcoreanos y decenas de heridos.

No era fácil para mí desentrañar el problema. No tenía, por un lado, la forma de explicarme que fuera posible para gobierno alguno, por mucha autoridad que disfrutara, utilizar los mecanismos del mando para dar la orden de torpedear una nave insignia. Por otro lado, no creí por un segundo la versión de que Kim Jong Il diera esa orden.

Carecía de elementos de juicio para llegar a una conclusión, pero tenía la seguridad de que China vetaría un proyecto de resolución del Consejo de Seguridad que sancionara a Corea del Norte. Por otro lado no tenía duda alguna de que Estados Unidos no puede evitar el empleo del arma nuclear por parte del gobierno incontrolable de Israel.

En horas avanzadas del día 1º de junio comenzó a descorrerse el velo de lo que realmente ocurrió.

Escuché a las 10 y 30 p.m. el contenido de un análisis agudo del periodista Walter Martínez, que elabora Dossier, programa estelar de la televisión venezolana. Él llegó a la conclusión de que Estados
Unidos hizo creer a una y otra parte de Corea lo que cada una de ellas afirmaba de la otra, con el objetivo de resolver el problema de la devolución del territorio ocupado por la base de Okinawa que el nuevo líder de Japón, haciéndose eco de las ansias del país, demandaba. Su partido obtuvo un enorme respaldo en las elecciones debido a esa promesa suya de lograr el retiro de la base militar allí instalada, que es un puñal clavado desde hace más de 65 años en el corazón del
Japón, hoy desarrollado y rico.

A través de Global Research se conocen los detalles verdaderamente asombrosos de lo que ocurrió, gracias al artículo de Wayne Madsen, periodista investigador que trabaja en Washington DC, que divulgó información de fuentes de inteligencia en el sitio web Wayne Madsen Report.

Dichas fuentes —afirmó-- "...sospechan que el ataque contra la corbeta de guerra antisubmarina de la Armada sudcoreana Cheonan fue un ataque de bandera falsa hecho para que pareciera provenir de Corea del Norte."

"Uno de los propósitos principales para el aumento de las tensiones en la península coreana era aplicar presión sobre el primer ministro japonés Yukio Hatoyama para que cambiara de política sobre el retiro de Okinawa de la base del Cuerpo de Marines de EE.UU. Hatoyama ha admitido que las tensiones por el hundimiento del Cheonan tuvieron una importante influencia en su decisión de permitir que los marines de EE.UU. permanecieran en Okinawa. La decisión de Hatoyama ha llevado a una división en el gobierno de la coalición de centroizquierda, u hecho saludado en Washington, por la amenaza del líder del Partido Socialdemócrata, Mizuho Fukushima, de abandonar la coalición por el cambio de actitud sobre Okinawa.

"El Cheonan fue hundido cerca de la isla Baengnyeong, un lugar del extremo occidental alejado de la costa sudcoreana, pero frente a la costa norcoreana. La isla está altamente militarizada y dentro del alcance de fuego de artillería de las defensas costeras norcoreanas, que está al otro lado de un estrecho canal.

"El Cheonan, una corbeta de guerra antisubmarina, tenía sonar de tecnología de punta, y además operaba en aguas con amplios sistemas de sonar hidrófono y de sensores acústicos submarinos. No existe evidencia sudcoreana de sonar o de audio de un torpedo, submarino o mini-submarino en el área. Ya que no hay casi navegación en el canal, el mar estaba silencioso en el momento del hundimiento.

"Sin embargo, la isla Baengnyeong alberga una base de inteligencia militar estadounidense-sudcoreana y SEALS [fuerzas especiales] de la Armada de EE.UU. operan desde la base. Además, había cuatro barcos de la Armada de EE.UU. en el sector, parte del Ejercicio Foal Eagle EE.UU.-Corea del Sur, durante el hundimiento del Cheonan. Una investigación de las huellas metálicas y químicas del torpedo sospechoso muestra que es de producción alemana.

"Existen sospechas de que los SEALS de la Armada de EE.UU. mantienen una muestra de torpedos europeos con fines de denegabilidad plausible para ataques de bandera falsa. Además, Berlín no vende torpedos a Corea del Norte, sin embargo, Alemania mantiene un programa de estrecha cooperación de desarrollo conjunto de submarinos y armas submarinas con Israel.

"La presencia del USNS Salvor, uno de los participantes en Foal Eagle, tan cerca de la isla Baengnyeong durante el hundimiento de la corbeta sudcoreana, también suscita preguntas.

"El Salvor, un barco civil de salvamento de la Armada, que participó en actividades de colocación de minas por los marines tailandeses en el Golfo de Tailandia en 2006, estuvo presente cerca del momento de la explosión, con un complemento de 12 buzos de aguas profundas.

"Pekín, satisfecha con la afirmación de inocencia de Kim Jong Il de Corea del Norte después de un viaje urgente en tren de Pyongyang a Pekín, sospecha del papel de la Armada de EE.UU. en el hundimiento del Cheonan, asociada a sospechas particulares respecto al papel jugado por el Salvor. Las sospechas son las siguientes:

"1. El Salvor participaba en una operación de instalación de minas en el lecho marino; en otras palabras, colocaba minas antisubmarinas disparadas horizontalmente en el fondo del mar.

"2. El Salvor estaba realizando inspección rutinaria y mantenimiento de minas en el lecho marino, y colocándolas en un modo electrónico activo -disparo por gatillo sensible- como parte del programa de inspección.

"3. Un buzo de los SEALS colocó una mina magnética en el Cheonan, como parte de un programa clandestino con la intención de influenciar la opinión pública en Corea del Sur, Japón y China.

"Las tensiones en la península coreana han eclipsado convenientemente todos los demás puntos de la agenda en las visitas de la secretaria de Estado Hillary Clinton a Pekín y Seúl."

Así, de forma asombrosamente fácil, Estados Unidos logró resolver un importante problema: liquidar el gobierno de Unidad Nacional del Partido Demócrata de Yukio Hatoyama, pero a un altísimo costo:

1- Ofendió profundamente a sus aliados de Corea del Sur.

2- Destacó la habilidad y rapidez con que actuó su adversario Kim Jong Il.

3- Resaltó el prestigio de la potencia China, cuyo Presidente con plena autoridad moral se movió personalmente y envió a los principales líderes de China a conversar con el Emperador Akihito, el Primer Ministro y otras personalidades eminentes de Japón.

Los líderes políticos y la opinión mundial tienen una prueba del cinismo y la falta total de escrúpulos que caracterizan la política imperial de Estados Unidos.

09.06.10 - Mundo

Modernidad y Holocaustos del siglo XX. Construcción del imperio y asesinato masivo

James Petras

Profesor emérito de sociología en la universidad de Binghamton (N.Y.). Intelectual emblemático de la izquierda estadounidense; miembro de la conferencia 'antiimperialista' Axis for Peace (Red Voltaire)
Adital

Introducción

Los holocaustos conllevan el exterminio a gran escala de un gran número de civiles no combatientes durante un largo periodo de tiempo, esponsorizado sistemáticamente por el estado. Este exterminio se basa en la identidad de clase, étnica, racial o religiosa de las víctimas. La violencia es el precedente de todos los holocaustos de los siglos XX y XXI, violencia por parte del estado o de la sociedad civil contra los pueblos víctimas. Antes de los holocaustos, algunos sectores importantes de la sociedad estatal y civil suelen expresar su oposición a la violencia contra estas víctimas. No obstante, una vez que los autores de los holocaustos consiguen hacerse con el poder estatal, son capaces de neutralizar, silenciar, reprimir y cooptar a los que previamente eran oponentes.

Varios teóricos han intentado explicar el holocausto (o los holocaustos) centrándose exclusivamente en un caso particular, el exterminio de grandes sectores de las comunidades judías por parte de la Alemania Nazi en Europa occidental, central y oriental. Desde un punto de vista metodológico, al centrarse en el caso particular de los judíos en Europa, el enfoque no funciona empíricamente, ya que no sirve para explicar los holocaustos anteriores, coetáneos o posteriores perpetrados contra otras víctimas de Europa, Asia y América Latina.

Son sobre todo, pero no exclusivamente, los académicos judíos los que hablan acerca de la «singularidad» de las víctimas judías de los nazis. Al hacerlo se burlan de los datos históricos y justifican las cuantiosas compensaciones monetarias [2] y el ejercicio de la expansión colonial en Palestina y otros lugares de Oriente Medio. Y lo hacen aplicando las mismas técnicas que utilizaban los opresores nazis: prácticas de culpa colectiva, legislación basada en la raza, tortura masiva legalizada y limpieza étnica.

Crítica a la «singularidad» del Holocausto Judío

Los holocaustos modernos no comenzaron en los siglos XX y XIX con las prácticas genocidas inglesas, norteamericanas y belgas que tuvieron lugar en la India, ni en el oeste de los Estados Unidos, ni en el momento en que el Congo atestiguó sus raíces premodernas [3]. Si bien es cierto que existen grandes diferencias entre los holocaustos de los siglos XX y XXI, estos comparten una fuerza conductora subyacente: la construcción imperialista o la respuesta a los que retan al imperio.

Las declaraciones de «singularidad» del Holocausto Judío-Nazi (HJN) se basan en algunos argumentos frágiles que pueden ser desmontados de un modo rápido y sencillo.

Los que sólo hablan del HJN, fundamentan sus argumentos en la cantidad de muertes: 6 millones de judíos [4]. Exactamente el mismo tiempo tardaron los nazis y sus aliados en exterminar a 20 millones de civiles soviéticos, la mayoría rusos [5] . Del mismo modo los japoneses exterminaron a 10 millones de chinos entre 1937 y 1942 [6] . Durante la ocupación y el bombardeo masivo de EEUU en Indochina [7] y Corea [8] perdieron la vida entre 3 y 4 millones de civiles (en cada sitio). No tiene ninguna validez argumentar que el Holocausto judío es superior en cuanto al número de víctimas y por lo tanto «singular».

La segunda justificación de la singularidad del HJN es el papel del estado en el proceso de exterminio sistemático de víctimas judías. Al igual que el anterior, este argumento carece de validez histórica.

Durante el período de decadencia del imperio otomano, el gobierno de los Jóvenes Turcos introdujo una política de exterminio masivo que desencadenó genocidio del pueblo armenio entre 1915 y 1917, en el cual se registraron más de un millón y medio de víctimas [9]. Del mismo modo, al amparo de la política de «contra insurgencia» estadounidense durante los bombardeos masivos (Vietnam, Laos y Camboya) fueron asesinados más de 4 millones de civiles. Las políticas de tierra quemada dirigidas por EEUU en América Central durante la década de los ochenta, provocaron el asesinato sistemático de más de 200.000 indios mayas y la destrucción de más de 250 comunidades rurales [10] . Asimismo, el embargo estadounidense contra Iraq entre 1991 y 2003, que había sido planeado científicamente, así como su invasión y ocupación (desde marzo de 2003 hasta hoy) dejaron un número de muertes infantiles superior a 500.000 entre los años 1991 y 2000, y más de 200.000 muertes civiles desde la invasión [11].

Otros defensores de la singularidad del HJN acuden a la ideología racial y exterminadora, olvidando la tan asentada base racial de las políticas genocidas de Japón contra China, los regímenes títere en América Central y las virulentas y racistas campañas de exterminio contra los mayas, por citar sólo algunos ejemplos ilustrativos.

Algunos historiadores judíos como Goldhagen, se apropian de los métodos historiográficos nazis para afirmar la tesis de la «singularidad» sobre la base de la culpabilidad del conjunto del pueblo alemán y su historia [12]. Esta propaganda, proclamada por un profesor de Harvard, pasa por alto el hecho de que los nazis obtuvieron tan solo el 37,3% de los votos en julio de 1932, y perdieron casi un tercio del electorado en noviembre de 1932, justo antes de asumir el poder [13]. Goldhagen pasa por alto que más de un tercio de los alemanes (sobre todo obreros) votaron a los candidatos socialistas-comunistas, que se oponían firmemente a los nazis y apoyaban los derechos de los judíos [14] . En términos históricos, el argumento resulta incluso más débil. Antes de la década de 1920, los movimientos que se mostraban abiertamente antisemitas, los líderes de opinión y los políticos, estaban excluidos de la vida política alemana. Además, es obvio que el argumento ignora el «alto nivel cultural» alemán basado en la tolerancia, el cual incluía a muchos judíos y contribuyó en gran medida a la herencia cultural en la música, las ciencias, la literatura y la filosofía.

Por último, la noción de culpa colectiva de toda la sociedad civil se niega a reconocer que la primera y mayor redada política de los nazis acabó con decenas de miles de alemanes, la mayoría comunistas, sindicalistas y militantes antifascistas, todos ellos exterminados en los primeros campos de concentración, incluidos Buchenwald y Baden-Baden. El argumento posterior a los hechos se basa en la falta de resistencia abierta por parte de los alemanes una vez que el régimen terrorista hubo consolidado el poder. Este argumento tenía poco que ver con la «aquiescencia» alemana del antisemitismo, y se acercaba más a la efectividad de la represión estatal.

Pero, aun en el caso de que casi el 50% de la sociedad civil alemana consintiese o incluso apoyase (sería muy dudoso asumirlo) el genocidio estatal, no se trata de un caso aislado. De hecho, el exterminio de un número de eslavos tres veces mayor fue apoyado en la misma proporción (los «científicos» nazis encargados de la higiene racial consideraban que los eslavos eran similares a bestias, infrahumanos destinados a trabajar hasta morir). Sectores importantes tanto de la sociedad civil turca como de la curda participaron en el asesinato y saqueo de los armenios. En el caso de EEUU, la mayoría de la sociedad reeligió al presidente Reagan tras declarar públicamente su apoyo al dictador guatemalteco Rios Mont, que había exterminado al pueblo maya. Una mayoría abrumadora de la sociedad «civil» israelí financia y sirve a la colonización militar y al desposeimiento de 4 millones de palestinos en el

140

Holocausto Palestino-Israelí [15] . La sociedad civil de Japón en conjunto apoyó la masacre de Nanking y sus secuelas.

Es insostenible argumentar que el único vínculo entre los nazis y la sociedad civil fuese el exterminio de los judíos, más aún si atendemos a la mirada que se esconde tras los ojos cegados de una historiografía predispuesta. Es tan abrumadoramente obvio, que uno necesita indagar en la «sociología del conocimiento» en lo que respecta a la singularidad del Holocausto Judío: ¿a qué fines políticos y económicos sirve en cuanto al aumento actual de poder de Israel? El uso y abuso de la historia, concretamente en el caso de la singularidad del NJH, conlleva una serie de consecuencias extremadamente perjudiciales para la perpetración del Holocausto Palestino.

La manipulación de la cuestión de las víctimas del holocausto ha contribuido de un modo desproporcionado en la influencia que los grupos de presión pro-israelíes ejercen para asegurar que tanto EEUU como la UE financien la limpieza étnica del pueblo palestino. Las explicaciones etno-raciales de los holocaustos, incluida la que se basa en la «culpa colectiva», puede ser sustituida rápidamente por la del «castigo colectivo» de familias, comunidades y pueblos, que no guardan relación alguna con las ofensas alegadas a víctimas únicas convertidas en poderes regionales. Una muestra evidente de ello está en la mentalidad de muchos expertos del terrorismo israelíes y judíos, quienes profesan saberlo todo acerca de la «Mente Árabe».

Crítica a las explicaciones psico-culturales

Aquellas explicaciones del holocausto basadas en el «comportamiento masivo irracional» o, de un modo más general, en la «psicología masiva», obvian el punto central de la manipulación de las élites, anclada en el estado, en la economía y en la sociedad civil. En ninguno de los holocaustos de los siglos XX y XXI las masas se encontraron en condiciones de iniciar, organizar y dirigir los holocaustos. Sin embargo es cierto que fueron algunos sectores de las clases bajas los que desarrollaron las políticas, llegando en algunos casos a beneficiarse directamente de los destrozos de los campos de concentración. En primer lugar, los holocaustos son actividades estatales que aprovechan cualquier actitud contradictoria de la población (prejuicio contra el grupo objetivo), y la instrumentaliza para crear una cohesión con la élite expansionista, o con políticas imperialistas.

Las clases dirigentes que apoyaron los holocaustos esponsorizados por el estado no lo hicieron llevados por un odio de clase u odio étnico irracional, sino simplemente porque el holocausto es un modo de legitimar la idea de dominio incondicional del estado, así como la base de la explotación económica en los mercados interior y exterior. De hecho, los determinantes psicológicos y culturales de los «holocaustos» están fundamentados en los grandes intereses económicos y geopolíticos imperialistas del estado. No hay ningún atributo cultural o psicológico «singular» bien asentado en las sociedades que fomentan el holocausto. Hay muchas culturas paralelas compitiendo, y multitud de psicologías. Bajo el imperativo de la expansión del estado imperial, que cuenta con el respaldo de las instituciones religiosas, partidos políticos y medios de comunicación influenciados por el estado, principalmente (pero no solo) las masas de población manipuladas tienen un papel activo en el proceso de asesinato masivo.

Defender las explicaciones culturales y psicológicas de los holocaustos sirve para distraer a la población del papel central que tienen la política imperialista y el estado. Centrarse exclusivamente en la ideología es un modo de pasar por alto el marco social en que se nutren, financian y apoyan las funciones de la ideología genocida. Desechar las bases políticas y económicas fundamentales, los imperativos de la conquista imperialista y la necesidad de cohesión interna, así como los holocaustos en proyecto, no sirve para materializar. Por otra parte, las estructuras imperialistas permanentes favorecen la recurrencia de los holocaustos, como se ha podido comprobar durante los cuatro holocaustos principales de los siglos XX y XXI en los que entraba en juego el imperialismo estadounidense: la ejecución de 4 millones de coreanos (1950-1953); 4 millones de indochinos (1960-1975), 300.000 mayas en Guatemala (1980-1983), y cientos de miles de iraquíes (1991-2002) y (2003-presente).

En su lucha por la conquista imperial, las élites del holocausto crean colaboradores en determinadas clases sociales, que se benefician directamente. Los terratenientes y campesinos turcos y curdos se apoderaron de la propiedad armenia. Los doctores alemanes tomaron posesión de las prácticas y los puestos de sus colegas judíos, a los que asesinaron. Las élites empresariales japonesas se hicieron con las compañías mineras de Manchuria. Los militares estadounidenses saquearon las inestimables antigüedades y riquezas de Asia. El saqueo y desposeimiento de víctimas a gran escala producen relaciones verticales entre la élite del imperio y los sectores menos representativos de este, creando de este modo una realidad pasajera mediante la cual el pueblo se involucra en el genocidio colectivo.

Aquellos que se ocupan de reclutar colaboradores entre las víctimas son los organizadores de los holocaustos. Los alemanes formaron la «policía judía (kapos)» y los «concilios» para preparar el holocausto, y los soldados ucranianos y rusos blancos prepararon el terreno para el Holocausto Ruso.

Japón formó «regímenes títere» mientras acababa con la vida de decenas de millones de chinos. Los jefes estadounidenses de los regímenes títere, Sygman Rhee en Corea y Diem en Vietnam, servían de fachada política mientras sus países eran devastados por bombarderos B52 con millones de toneladas de explosivos, napalm y venenos como el agente naranja, que acabaron con la vida de millones de personas. En algunos casos, los holocaustos son operaciones conjuntas de las élites y las clases altas, que se sienten amenazados por las víctimas. Así por ejemplo, en Guatemala, los especialistas en asesinatos masivos de EEUU e Israel se unieron a las élites guatemaltecas (descendientes de europeos blancos) y emprendieron una masacre que acabó con toda la población india; se hicieron con sus tierras, y las distribuyeron, formando parte todo ello del proceso del holocausto.

En resumen, los holocaustos tienen una estructura muy bien fundamentada, están multiestratificados y arraigados en un gran número de colaboradores y beneficiarios de los estratos inferiores. Más que acontecimientos que engloben a toda la sociedad, son procesos de arriba abajo, en los que el estado tiene un papel dominante para asegurar la cohesión interna necesaria para la expansión externa.

Explicaciones alternativas del Holocausto

Explicar los holocaustos a partir de las nociones de «culpa colectiva cultural» o fenómeno «psicosocial», resulta empíricamente insustancial o, a lo sumo, derivado y parcial. La mayor carencia de estas explicaciones es la falta de comprensión de la dinámica estructural del imperialismo.

Una relación íntima y profunda con el imperialismo es común a todos los holocaustos de los siglos XX y XXI, ya sea una conquista externa o una «cohesión interna» orientada hacia la construcción imperialista. Aunque no todos los holocaustos nacen del imperialismo (algunos nacen de acumulaciones de capital «interno», la colectivización forzosa de Stalin entre 1929 y 1934), desde el siglo XIX hasta hoy todos los imperialismos han derivado en holocaustos.

Holocausto, cohesión e imperialismo

El HJN es una clara muestra de cómo una élite dirigente hace víctima a una minoría para crear una cohesión de clase, desviando a las masas de los conflictos internos de trabajo-capital y de los costes reales o potenciales de las políticas imperialistas. En lugar de centrarse en la explotación capitalista, la élite dirigente orientaba el descontento de los trabajadores y las clases medias hacia los banqueros y capitalistas judíos. Esta propaganda resultaba especialmente efectiva en profesiones como la medicina o pequeños comerciantes, en las que existía una competitividad muy intensa entre judíos y no judíos, especialmente por los puestos y los beneficios del mercado. El paso de la exclusión intensificada y la discriminación étnica a la práctica del genocidio coincidió con la expansión masiva militar, económica y política, y con la conquista que tuvo lugar entre finales de los años treinta y principios de los cuarenta. A medida que aumentaban los costes de la construcción imperialista, crecía también la necesidad de distraer a la población mediante la perpetuación del asesinato masivo. De forma paralela al HJN, la conquista imperial de grandes áreas de Europa Occidental (y en especial de Rusia), produjo un holocausto aún mayor, el asesinato de treinta millones de eslavos y la esclavización de muchos millones más que fueron incorporados a la máquina de guerra imperialista-capitalista.

El holocausto acompañó a las conquistas imperialistas japonesas y al régimen colonial en China desde finales de los años treinta hasta

1945. El asesinato sistemático de millones de campesinos, tenderos, obreros y profesores chinos (es decir, todas las clases excepto las élites colaboradoras), fue una forma extrema de desposeimiento colonial de propiedad y de vida, que sirvió de motor a la construcción imperialista, y de subsidio y mantenimiento de la lealtad entre las masas japonesas dentro del país [16]. Los holocaustos tuvieron lugar como resultado de los desafíos revolucionarios masivos a dirigentes impopulares de regímenes títere, que minaban las pretensiones de la invencible dominación imperial. La intervención militar de EEUU y la ocupación de Corea e Indochina en apoyo a los regímenes fallidos, condujeron al asesinato de ocho millones de víctimas civiles y a la destrucción total de grandes áreas de la economía mediante el bombardeo masivo genocida y la guerra química, que convirtieron las áreas industrializadas en escombros, diezmaron las tierras de cultivo, y causaron daños genéticos a largo plazo en las generaciones posteriores. Sin embargo, y a pesar de la magnitud y el alcance de los campos de concentración, no se consiguió vencer a las armadas populares de liberación nacional. A la cohesión interna se unía una profunda purga política de los disidentes estadounidenses sobre la sociedad civil y el empleo público, sobre todo durante el Holocausto Estadounidense en Corea. Sin embargo, los elevados costes humanos en lo que respecta a la pérdida de soldados imperiales estadounidenses y los disparatados gastos (si no al holocausto en sí), forzaron a los dirigentes imperialistas a firmar un armisticio [17].

Cuanto mayor sea el tamaño, la efectividad y la popularidad de los movimientos de liberación nacional y la amenaza a los dirigentes de los regímenes títere, más probable será que los poderes imperiales recurran sistemáticamente a los asesinatos masivos y a la guerra total. A medida que los legisladores desarrollan visiones estratégicas integradas, en las que se considera al imperio dependiente de la seguridad de cada dirigente títere en cada nación, más probable será que se aplique la estrategia de la «guerra total», la cual oblitera las líneas entre civiles y combatientes, las economías de subsistencia y las industrias de guerra [18].

Los imperios se construyen en torno a redes, cadenas de suministro, materias primas y explotación laboral, avanzadas militares, y dirigentes títere. Cuentan con el apoyo de los ejércitos imperiales y de sus defensores nacionales, según indica el complejo de superioridad de la «nación dominante» sobre sus sujetos coloniales. Los holocaustos imperiales son consecuencia de las amenazas a las «redes globales», pero no están necesariamente relacionados con las ganancias económicas inmediatas que se obtienen en un emplazamiento de ejecución determinado. A esto se debe que los holocaustos no se puedan explicar mediante un simple análisis del balance de costes-beneficios, de pérdidas y ganancias económicas. Por ejemplo, todos los poderes imperiales llevan a cabo algo que ellos describen como asesinatos masivos ejemplares de civiles, para provocar la rendición, la sumisión, el desposeimiento y la obediencia ante el régimen imperial. El asalto militar masivo perpetrado por EEUU en Iraq fue llamado con gran acierto «conmoción y sobrecogimiento». En Rusia los nazis desarrollaban políticas de tierra quemada. El dirigente clientelar Rios Mont, al amparo de EEUU, obliteró cientos de pueblos de los mayas en Guatemala. Los asesinatos ejemplares de palestinos provocaron que millones de personas huyeran de las tierras que posteriormente fueron ocupadas y explotadas [19].

Cuando los poderes imperiales se involucran en el horror del holocausto, justifican sus crímenes en nombre de una «causa sagrada» que reposa sobre «la mayor y más noble misión histórica». De otro modo es de suponer que la repugnancia que inspiran sus actos podría arrojar algunas dudas entre los ejércitos imperiales. El HJN se entendió como un modo de «liberar» al pueblo alemán de los tentáculos de la «conspiración judía»; por su parte, la conquista y el Holocausto Ruso se entendió como una forma de «crear un espacio vital para el espíritu libre de los alemanes». El holocausto estadounidense en Asia fue presentado como «la liberación del pueblo del yugo del totalitarismo». El Holocausto Palestino-Israelí fue y sigue siendo descrito como el modo de «enviar al pueblo judío a su Tierra Prometida». Todos los holocaustos imperiales se describen y justifican en nombre de una falsa «liberación nacional», en la que los dirigentes imperiales se hacen cargo del «pueblo elegido», bien por Dios, por la historia o por la genética.

La desintegración de los imperios provoca holocaustos. Estos son instrumentos de los intentos de «reconstrucción nacional» destinados a proporcionar «sangre nueva» para acabar con los dirigentes en decadencia y las minorías «privilegiadas». El genocidio turco-armenio (1915-1917), perpetrado por los «Jóvenes Turcos», es un ejemplo clave de «revitalización nacional» de un imperio en decadencia llevado a cabo mediante el holocausto contra los supuestos «separatistas». Asimismo, se puede decir que el HJN fue en parte el resultado de la derrota y el desmembramiento del Imperio Alemán, y el intento de los nazis de culpar a las traiciones («judías») internas.

En resumen, el imperialismo se basa en el consenso interno y la cohesión social para movilizar a una nación entera hacia las guerras externas y la conquista, especialmente en aquellos lugares donde las grietas de clase son más agudas. Una guerra u holocausto contra las minorías étnicas internas sirve para desviar el descontento de la lucha de clases hacia las guerras étnicas e imperialistas. Los holocaustos reposan siempre sobre una ideología de «regeneración moral», y el exterminio masivo sirve para intensificar la idea de «pueblo moral» que castiga al pueblo «degenerado» o inferior. Los mitos acerca de las afirmaciones exclusivas que se basan en religiones «populares» o «imperativos históricos» se instrumentalizan en aras de la construcción del imperio moderno.

Por qué el imperialismo deriva en holocausto

Por naturaleza, el imperialismo conlleva el desposeimiento y adquisición de recursos económicos, mano de obra, dominio político y económico, y territorio [20] . La construcción del imperio es un proceso que requiere asesinatos masivos y «diplomacia» para asegurar la aquiescencia de la elite y la aquiescencia internacional. Los holocaustos internos se pueden entender como un tipo de «acumulación primitiva de capital» que sirve para aprovechar los recursos económicos de una minoría victimizada, y la posterior transferencia de estos a las élites que dirigen las conquistas imperiales. En lo que respecta a los holocaustos imperiales transnacionales, la incautación de bienes, territorios, y el saqueo de bienes agrícolas, minerales e industriales, conduce al empobrecimiento general, refugiados, a un «superávit de fuerza de trabajo» masivo y a la aparición de enemigos potenciales. Las decisiones del holocausto tienen como objeto la reducción del exceso de población provocado por las requisiciones económicas y el saqueo, mediante la aniquilación física de los reclutas reales y potenciales de la guerrilla de los desarraigados.

En este contexto el imperialismo se enfrenta a una gran contradicción. Por un lado, emprende un holocausto para desposeer a millones de personas; por otro, necesita explotar a los trabajadores y proporcionar sepoys, que sirven para mantener vivos los ejércitos de ocupación imperial. Esto se soluciona explotando a los pueblos conquistados como si fuesen esclavos, con mano de obra barata, o acabando con la vida del excedente de población «no obrera». En la mayor parte de los casos, el «holocausto» es un proceso paralelo al exterminio masivo y los trabajos forzados. En aquellos casos en los que la actividad del holocausto ha llegado a agotar la mano de obra local, o en los que ha surgido la resistencia de las masas, frecuentemente el poder imperial-colonial ha recurrido a la importación de mano de obra, bien a la fuerza, bien procedente de otras regiones conquistadas con salarios bajos.

Los holocaustos como objeto de estudio de la modernización y la construcción imperialista

Desde el primer holocausto del siglo XX (el genocidio armenio en Turquía), los asesinatos masivos se han considerado parte del proceso de modernización y unificación de una nación, basado en la violencia estatal. En la consecuente «limpieza étnica» de todas las minorías del antiguo Imperio Otomano se siguió una lógica republicana secular en la que los militares asumían el papel de defensores del ethos «modernista» frente a los enemigos «imaginarios» disfrazados de minorías [21].

El mito de la fundación y justificación del Estado de Israel sirvió para afirmar que Palestina era una «tierra sin pueblo» y los judíos un «pueblo sin tierra»; un mito que se convirtió en una profecía de autorrealización (y útil en sí misma), ya que los judíos israelíes estaban expulsando a la fuerza a millones de árabes palestinos de las tierras ocupadas [22].

Se sigue justificando el Holocausto Palestino-Israelí por la existencia de un estado judío democrático, aunque exclusivista, que mantiene unos vínculos excepcionales con una red mundial de élites modernas caracterizadas por su riqueza y su éxito financiero [23] . La interacción del comportamiento del holocausto con una modernidad asentada en unas redes globales muy densas resulta muy famosa entre las élites imperiales que se empeñan en reconstruir los imperios de Oriente Medio, sobre todo entre los civiles militaristas de EEUU.

El HJN fue una manifestación más de la dinámica modernidad industrial, que se aprovechó para llevar a cabo la conquista imperial: la tecnología superior alemana y los grandes avances científicos se basaron en la cohesión interna promovida por el antisemitismo desde dentro, y por el antieslavismo desde fuera.

El resultado: un «doble holocausto», las campañas de exterminio de judíos por una parte, y de rusoseslavos por otra. La destrucción histórica e irreversible de la izquierda y sus organizaciones de masas fue una condición previa esencial para toda la dinámica de expansionismo del Holocausto Nazi.

Los imperialistas «tardíos» como Alemania, Japón o EEUU, han mostrado la misma tendencia a llevar a cabo guerras genocidas y campañas de exterminio de tal magnitud que se pueden equiparar a un holocausto. A excepción de Japón, una sociedad homogénea en lo que a etnias se refiere, los estados donde el imperialismo fue tardío emprendieron campañas de exterminio genocidas a gran escala contra varias minorías internas diferentes (indios y afroamericanos en EEUU, judíos en Alemania). De este modo crearon una cohesión nacional, así como el complejo de superioridad racial necesario para llevar a cabo las conquistas imperialistas y los holocaustos (Alemania contra los eslavos, EEUU contra Asia y contra los indios de América Central).

El Holocausto Japonés en China culminó con la infame "Violación de Nanking", en la que fueron violados y asesinados brutalmente más de 300.000 chinos en cuestión de días, en el año 1938. Esto fue precedido y seguido inmediatamente del exterminio sistemático, dirigido por el estado, de más de 7 millones de civiles chinos de todas las edades y clases sociales. A pesar de que en el Holocausto Chino-Japonés hubo un número de víctimas aún mayor que en el Holocausto Judío, hay dos razones que explican la inexistencia de monumentos, fundaciones y compensaciones millonarias en conmemoración del Holocausto

Chino-Japonés: la ausencia de un grupo de presión fuerte a favor del holocausto en Occidente, y la coincidencia con la realineación de Occidente y Japón contra la República Popular China.

Es obvio que las afirmaciones auto convincentes de los publicistas judíos acerca de la singularidad del HJN han contribuido a la expansión de la amnesia colectiva. El ascenso de EEUU a la posición de poder imperialista dominante estuvo directamente relacionad o con los holocaustos «tricontinentales» o múltiples, en Asia, EEUU en Corea (1950-1953) y EEUU en Indochina (1961-1975); en el sur de África con los holocaustos proxy (Angola, Mozambique y Congo-Zaire) entre 1961 y la década de los noventa; en América Central (1979-1990) y en Oriente Medio (Iraq 1991-2006) [24].

Por cuestiones metodológicas, hemos excluido el exterminio estatal que supusieron los bombardeos nucleares sobre Hiroshima y Nagasaki, y la campaña de exterminio proxy en Indonesia en el año 1966, que provocó la muerte de más de un millón de supuestos sindicalistas desarmados, miembros del partido comunista, afiliados y sus familiares. El recuento de víctimas del «imperialismo tardío de EEUU» es comparable al de sus predecesores japonés y alemán: cuatro millones en Indochina, cuatro millones en Corea, incontables millones en el holocausto perpetrado en las regiones del sur de África, más de 300.000 en los holocaustos proxy de América Central (200.000 mayas en Guatemala, 75.000 en El Salvador, 50.000 en Nicaragua, 10.000 en Honduras, y 10.000 en Panamá, -los últimos mediante una invasión militar directa-) e Iraq – más de 700.000 y en aumento. Las estrategias empleadas por el imperialismo estadounidense conducen directamente a los campos de concentración del holocausto, porque no existe distinción alguna entre las víctimas civiles y militares. Esto se debe a que la resistencia del imperio estadounidense se construye sobre creencias muy arraigadas y extendidas, sobre los intentos deliberados de conquista imperialista para diezmar la gran reserva de apoyos en la resistencia, de suministradores de comida e información.

Una de las explicaciones de la multiplicación de los holocaustos propias del "imperialismo tardío" es que estos tienen lugar en un contexto histórico más resistente a revivir el dominio colonial-imperial. Es decir, las naciones que nacen de los movimientos masivos anticoloniales que previamente se habían apartado claramente del imperialismo europeo y japonés, están mejor preparadas tanto social como política y militarmente para hacer frente a los nuevos abusos imperialistas de EEUU. La ideología y la cultura antiimperialista y nacionalista están muy arraigadas en las naciones poscoloniales desde mediados del siglo XX en adelante, y se diferencian radicalmente de las sociedades feudales-mercantiles conquistadas por los poderes imperialistas europeos a finales del siglo XIX y principios del XX. El desposeimiento y la desarticulación de sociedades en las que la movilización nacionalista o socialista es muy elevada, requieren un uso mayor y más extensivo de los métodos utilizados en los holocaustos. Ya no basta con asesinar o exiliar a unos cuantos miles de líderes. Ahora poblaciones enteras pueden ser «ejemplos», o, como dicen los mongers («comerciantes de problemas») israelíes con respecto a los palestinos desde la elección democrática del gobierno de Hamás, «tienen que asumir los costes», a saber, asaltos militares y asesinatos de civiles diarios, y bloqueo sistemático de comida y medicamentos, lo que desemboca en un estado de malnutrición generalizada [25].

Los avances tecnológicos en la maquinaria de exterminio masivo no determinan la frecuencia de los holocaustos, si bien es cierto que aceleran el proceso. Los holocaustos que requieren mucho trabajo –como el Holocausto Chino-Japonés en Nanking- pueden llegar a ser tan mortales como las cámaras de gas de alta tecnología, de capital intensivo de la Alemania Nazi, o el bombardeo masivo de ciudades en Corea, Indochina e Iraq. Aún así, es cierto que la alta tecnología acelera el proceso de exterminio y disminuye la posibilidad de que las «flaquezas humanas» (compasión, mala conciencia) debiliten el camino hacia la ejecución. Los holocaustos son una fuente de incentivos para evaluar, experimentar y aplicar nuevos procesos de exterminio en situaciones en tiempo real. Por ejemplo, EEUU experimentó con armas nucleares en campos de batalla mediante el uso de uranio debilitado en las dos guerras del Golfo y en los Balcanes.

El holocausto perpetrado por Israel tiene todas las características sustantivas de los holocaustos citados anteriormente: uso del terror estatal a gran escala y a largo plazo; desposeimiento de más de 4 millones de palestinos; reclusión forzosa de más de 3 millones de palestinos en guetos; segregación racial y étnica, separación en todas las esferas de la justicia, propiedad, transporte y movilidad geográfica; derechos civiles basados en «lazos de sangre» (linaje maternal); tortura legalizada o cuasi legalizada y uso sistemático del castigo colectivo; una sociedad altamente militarizada propensa a emprender continuamente asaltos militares en las comunidades vecinas de Palestina y en otros estados árabes; asesinatos unilaterales extraterritoriales y extrajudiciales; rechazo crónico y sistemático del derecho internacional; una ideología de guerra permanente y paranoia internacional (hay «antisemitismo» en todas partes) y una ideología de superioridad étnica (el «Pueblo Elegido») [26].

Tanto en la práctica del terrorismo estatal masivo como en sus justificaciones legales-ideológicas de los asesinatos de oposicionistas, del desposeimiento masivo y de las reivindicaciones de la superioridad de las Leyes de Israel en relación con las normas de derecho internacional, el estado israelí cuenta con todas las cualidades que caracterizan a los autores de los holocaustos. El gueto palestino, los campos de concentración para miles de supuestos «militantes», la destrucción de los fundamentos económicos de la vida diaria, los desalojos masivos forzosos, la limpieza étnica sistemática; todo ello conforma el patrón de los holocaustos presentes y pasados.

El Holocausto Estadounidense en Iraq (HEI) es un proceso vivo que desde hace 16 años (1990-2006) nos proporciona un ejemplo clarísimo de exterminio sistemático planificado por el estado, de tortura y destrucción física, diseñado para des-modernizar la sociedad secular en desarrollo y convertirla en una serie de entidades basadas en la guerra de clanes, la guerra tribal, del clero o étnica, carente de autoridad nacional o de una economía viable.

La magnitud y el alcance de las políticas de exterminio de EEUU en Iraq garantizan al cien por cien que se trata de un holocausto: 500.000 niños muertos como resultado de un bloqueo económico asesino durante la Administración Clinton (1992-2000) y alrededor de 250.000 muertes más entre 2003 y el presente año 2006 [27] . El holocausto estadounidense fue aprobado abiertamente por el principal arquitecto de la política desarrollada, la Secretaria de Estado Madeline Albright, que, al verse frente a la magnitud y el alcance del número de muertes infantiles durante el bloqueo económico devastador (1991-2992), declaró «ha merecido la pena». El bombardeo indiscriminado de blancos civiles en las dos guerras del Golfo, pero sobre todo en la segunda, llevó a la destrucción total de toda la infraestructura civil. En el futuro, el uso sistemático generalizado de proyectiles de uranio tendrá consecuencias mortales para muchas personas. El uso sistemático de la tortura y el asesinato masivo de cientos de miles de civiles ha sido documentado en profundidad y se considera justo entre los oficiales superiores del régimen Bush y la mayoría de los componentes de ambas cámaras en el Congreso [28].

En lo esencial, nada separa la campaña de extermino estadounidense de los holocaustos anteriores, excepto el hecho de que todo el mundo lo ve mientras sucede. El HEI es un holocausto vivo: sucede ante los ojos y los oídos de miles de millones de espectadores. Aunque es cierto que la repugnancia global ante cada revelación particular es un hecho compartido, también lo es la «aceptación pasiva». El holocausto se convierte en una actividad rutinaria: brigada de la muerte, asesinato masivo fomentado por los capataces imperiales... se reduce a un recuento de víctimas diario, inmunizando a la comunidad mundial ante el horror de un Holocausto vivo.

Holocaustos: situación posterior y herencias turbias

A excepción del HJN (Holocausto Judío-Nazi) y probablemente el HCJ (Holocausto Chino-Japonés), el resto de los autores se han salvado de enfrentarse a procesos judiciales internacionales. Un tratamiento diferenciado unido a la impunidad general conforma el resultado de los avances militares y el poder político. Los holocaustos nazi y japonés fueron derrotados; EEUU, Turquía e Israel no fueron vencidos militarmente, o al menos no hasta el punto de que un tribunal internacional pudiese llevarlos a juicio.

Incluso en el caso de los nazis, aparte de los pocos líderes del régimen nazi, casi todos los representantes de medio y bajo rango fueron exonerados con el tiempo; posteriormente, muchos de ellos alcanzaron el éxito profesional en el mundo de la economía y la política. Y no pocos científicos y otros profesionales nazis fueron reclutados por los gobiernos de EEUU y Alemania Occidental para ocupar diferentes puestos estratégicos. En el caso de Japón, tuvo lugar un proceso paralelo en el que los ejecutores del holocausto fueron perseguidos primero, y posteriormente recuperaron posiciones de poder. Esto sucedió sobre todo después de que EEUU y sus aliados presentaran sus políticas globales contrarrevolucionarias, encarnadas en la «Guerra Fría», una mala denominación dados los ataques militares de EEUU sobre Corea e Indochina. De hecho, los autores del Holocausto Japonés jugaron un papel principal cuando respaldaron los holocaustos de EEUU en Corea e Indochina poniendo a disposición de EEUU bases militares, suministros y apoyo logístico tras la Segunda Guerra Mundial.

Han tenido lugar varios tribunales no oficiales de los que se ha hecho mucho eco, en concreto el Tribunal Bertrand Rusell del Holocausto Estadounidense en Indochina. Sin embargo, su relevancia fue meramente simbólica, ya que carecían de mecanismos para hacer cumplir sus veredictos a los culpables. Ninguno de estos tribunales recibió un trato adecuado en los medios de comunicación, ni siquiera se mostró una ligera admisión de remordimiento o culpa por parte de los autores. Y esto fue así incluso después de los cambios del partido en el poder. En otras palabras, existe un consenso sistemático entre los perpetradores de que sus acciones tienen justificación, con lo cual cualquier noción de «norma de derecho» se considera un desastre.

De hecho, la ONU es cómplice de ello: estuvo implicada activamente en el Holocausto Estadounidense en Corea; es incapaz de intervenir en el Holocausto Palestino-Israelí, y además facilita apoyo institucional al Holocausto Estadounidense en Iraq. Si el sistema judicial internacional solo ha sido capaz de poner en manos de la justicia a los grandes perpetradores del Holocausto Nazi, la relación a nivel nacional es igualmente vergonzosa. En Japón, el Régimen Koizumi continúa rindiendo homenaje a los criminales de guerra del pasado (las principales autoridades viajan cada año al Yoshikuni Shrine), los libros de texto japoneses ofrecen una versión "blanqueada" de los crímenes de guerra. Esta nostalgia del holocausto continúa envenenando las relaciones bilaterales con

China, aunque sólo a nivel simbólico diplomático, ya que las relaciones económicas entre China y Japón siguen prosperando.

Del mismo modo, a excepción de Francia, ningún otro país occidental ha condenado oficialmente la masacre turca-armenia o la negación de Turquía a reconocer su responsabilidad. A pesar de los muchos israelíes que fueron víctimas del Holocausto Nazi, Israel niega el genocidio turco-armenio, y no permite a los armenios que realicen representaciones académicas de su genocidio en ninguno de los foros, conferencias, publicaciones o museos dedicados al Holocausto. Esto resulta especialmente irritante, ya que hubo un tiempo en que Jerusalén acogió a miles de supervivientes del genocidio armenio. De hecho, Israel tiene un pacto de estrategia militar especial con aquellos que niegan el genocidio armenio. Y lo mismo es aplicable al apoyo que EEUU muestra a favor de los turcos que niegan el Holocausto, donde a pesar de la presión tan fuerte que ejerce la comunidad armenia-americana e incluso el respaldo sustancial del Congreso, el Ejecutivo ha bloqueado cualquier condena oficial del genocidio.

En lo que respecta a los holocaustos perpetrados por EEUU en Asia, Washington siguió imponiendo un bloqueo económico brutal, concretamente en Corea del Norte e Indochina, que conllevó la «autosuficiencia forzosa», así como en el caso de Camboya, incitando al régimen de los Jemeres Rojos a llevar a cabo un éxodo forzoso y mortal desde los centros urbanos, un caso de «holocausto conjunto» entre Washington y los Jemeres Rojos.

Con la conversión de las élites de Indochina al capitalismo, y teniendo que enfrentarse a la impunidad internacional por los crímenes de guerra cometidos por EEUU, la reconciliación de EEUU y Vietnam, carente de justicia, se hizo norma. Es curioso que las políticas de liberalización hayan derivado en una nueva explotación imperial de mano de obra barata a través del mercado y no mediante invasiones militares.

En lo que respecta al holocausto en América Central, no ha existido ni la menor intención de emprender procesos penales internacionales. Como mucho, el antiguo presidente de EEUU, Bill Clinton, en una apología «proforma» expresó el «apoyo» de EEUU a su régimen títere en Guatemala. Los regímenes implicados, clientes de EEUU, son descendientes directos y beneficiarios de los holocaustos estadounidenses en América Central. Después de destruir el tejido social y minar la economía local mediante la guerra y el libre comercio; después de desmovilizar a las guerrillas, América Central es una región de campesinos desarraigados, refugiados convertidos en inmigrantes internacionales o criminales, gobernados por políticos cleptócratas y por la oligarquía empresarial. Los supervivientes de América Central y los familiares de las víctimas del holocausto estadounidense, no ven ningún futuro en su país, un país devastado, desposeído de tierras y empleo, y en consecuencia deciden huir a América del Norte.

En el presente año 2006 tienen que enfrentarse una legislación muy represiva contra los inmigrantes, a la criminalidad masiva, el desposeimiento, el encarcelamiento y la deportación.

El Holocausto Palestino-Israelí es un proceso vivo que va cobrando velocidad: asaltos militares diarios; ejecución de líderes y asesinato de civiles; extensión continuada de las colonias;

falta de reconocimiento de los líderes palestinos elegidos, y, sobre todo, bloqueo total de la economía, los alimentos básicos y los medicamentos, es decir, emplean las estrategias de «cercado de guetos» al estilo nazi y el «hambre hasta que se rindan». La poderosa e influyente voz del grupo de presión judío tanto fuera como dentro del gobierno estadounidense, asegura la impunidad de Israel y la complicidad de EEUU y la Unión Europea [29].

Desde el holocausto estadounidense en Indochina hasta el presente, la ejecución de políticas propias de los holocaustos llega hasta el público a través de los medios de comunicación e Internet, a pesar de las campañas propagandísticas oficiales que difunden los medios de comunicación de masas. La complicidad de los sectores de la sociedad civil y los medios de comunicación privados al defender los regímenes del Holocausto en sistemas políticos que no son totalitarios, requiere la reconsideración de la relación entre dictadores, sistemas electorales y holocaustos.

Conclusión

Después de este repaso de los holocaustos de los siglos XX y XXI, es evidente que casi ninguno de los grandes crímenes contra la humanidad conduce a la justicia. Muy al contrario, el legado internacional está caracterizado por la impunidad y lo más parecido a la reincidencia. El informe es claro: la impunidad estadounidense tras el Holocausto Coreano dio pie a los holocaustos en Indochina, América Central e Iraq. La limpieza étnica de palestinos perpetrada por Israel entre 1947 y 1950 provocó nuevas guerras de conquista, desposeimiento de tierras, ocupación colonialista, guetización y la progresión hacia la «solución final» de la expulsión total. La negación del genocidio turco-armenio reforzó la limpieza étnica del pueblo curdo en toda la región de Anatolia. Estos crímenes contra la humanidad no son simples artefactos utilizados por dirigentes psicópatas o fenómenos derivados de tradiciones autoritarias, porque, como ya hemos visto, hay tradiciones que compiten, diferentes «psicologías nacionales» e ideologías enfrentadas.

Las ofensivas imperialistas que buscan la cohesión interna y la conquista en el extranjero ponen en un primer plano el comportamiento del holocausto, son los desencadenantes, la fuerza motriz de los holocaustos. Y es precisamente porque los poderes imperiales ponen en práctica el imperativo de que no son castigados y en la mayoría de los casos a fecha de hoy aún no han reconocido sus crímenes. Cada vez se condena a menos poderes por menos crímenes. Por el contrario, cuanto mayor es el imperio y el poder, más común es aplicar la ley de la impunidad y la negación.

Los intelectuales occidentales no reconocen los múltiples holocaustos de los siglos XX y XXI, pero esto no se debe a la falta de datos accesibles ni a la falta de conocimiento de los hechos, ya que los actos del genocidio son públicos, los cuerpos están esparcidos en lugares públicos, la destrucción rodea a cualquier observador, y los instrumentos del genocidio son financiados públicamente. Lo que falta es disposición para enfrentarse a la realidad de que los gobiernos, los estados, son los responsables de los holocaustos; a la realidad de que los regímenes que han elegido, están participando en el terrorismo masivo; de que sus medios de comunicación de masas privados mienten y encubren sistemáticamente los actos del genocidio; y de que grandes sectores de la «sociedad civil» son críticos impotentes o colaboradores cómplices.

La mayoría de los intelectuales de las sociedades imperiales son incapaces de comprender la magnitud y la gravedad de los crímenes que se cometen en su nombre. En lugar de ello, describen los holocaustos como «guerras entre estados», y se refieren a ellos como «la Guera de Corea», la «Guerra de Indochina», la «Guerra de Iraq», o peor aún, «las guerras por la democracia» u otras falsificaciones monstruosas por el estilo. Las extrañas «guerras» en las que toda la población civil –millones- está a favor de la otra parte, en las que toda la destrucción sucede en el país ocupado y todos los desposeídos son objetivos de los constructores del imperio.

Hay resistencia; se asesina a soldados imperiales; se ataca a las armadas títere; se destruyen instrumentos de guerra (helicópteros y acorazados). En el Gueto de Varsovia, la resistencia luchó y consiguió acabar con las tropas de asalto nazis. Los luchadores del bando de Liberación Vietnamita acabaron con la vida de 58.000 invasores, además de 500.000 heridos. Fallujah (Iraq) resiste; Jenin (Palestina) resiste…

algunos de los que niegan el holocausto se aferran a estos actos de resistencia heroica y a los supervivientes que salen arrastras de los escombros como prueba de las sospechosas afirmaciones que defienden que los campos de concentración y la limpieza étnica no son prácticas genocidas, sino «actos de guerra»… pero olvidan añadir que ¡es una guerra total contra todo un pueblo! Después de repasar los holocaustos de los siglos XX y XXI, es evidente que no son casos aislados perpetrados por un pueblo o régimen maligno particular, sino prácticas comunes, repetitivas, que recurren con una frecuencia periódica. La impunidad del holocausto se ha convertido en norma, se ha incorporado en el vocabulario eufemístico de los historiadores convencionales, e incluso revisionistas, como «guerras», «conflictos», «cruzadas» y «tragedias» en lugar de auto criminal reincidente a gran escala. No existen mecanismos internacionales efectivos que pongan ante la justicia a las élites del holocausto; tan solo contamos con tribunales organizados por los poderes imperiales para poner a prueba a los adversarios vencidos, como es el caso de la ocupación de Yugoslavia, Iraq y Panamá.

Las nuevas élites capitalistas que surgen entre el pueblo víctima (como en Indochina) están más que dispuestos a perdonar y olvidar los crímenes del holocausto a cambio de una moneda fuerte y una posición privilegiada en el mercado mundial. Mientras los procesos judiciales internacionales sean inoperantes, solo una serie de revoluciones populares podrá llevar ante los tribunales al menos a los títeres y colaboradores de los autores del Holocausto. Dependemos de la derrota final del estado imperial para que sea posible la existencia de un tribunal internacional de justicia que consiga que los autores del holocausto respondan de sus crímenes.

[http://laberinto.uma.es].

Miércoles, 23 de junio de 2010

Zapatero, el socialdemócrata, es traidor calificado por decirse "socialista" y servir a los empresarios

Pedro Echeverría
(especial para ARGENPRESS.info)

1. "Se busca a José Luis Rodríguez Zapatero por alta traición a los ideales que pretende defender y a los ciudadanos que depositaron su confianza en él". Está circulando en las calles de España en forma de cartel, así como millones de volantes denunciando a Zapatero por haber aprobado una Ley de Trabajo que lesiona los intereses obreros y favorece a los empresarios explotadores.

Este gobernante sí es traidor, junto a su Partido Socialista Obrero Español (PSOE), porque navegan con la bandera de "socialistas" y de izquierda y hacen lo contrario. En cambio a los mexicanos Fox y a Calderón –que han buscado imponer una Ley del Trabajo proempresarial y han privatizado casi todo- no se les puede llamar traidores porque ellos y su partido (PAN) han representado siempre a los empresarios, al alto clero y a las derechas. Cuando hacen demagogia por el pueblo o festejan la Revolución, lo más que se les puede decir es cínicos o hijos de p.

2. En España, como en los EEUU y pronto en México, se impuso un bipartidismo que alterna en el poder para que nada cambie y todo siga

igual. Los yanquis tienen a los Republicanos y Demócratas, en México PAN y PRI (PRD se alía a alguno de ellos) y en España, Partido Popular (PP) y PSOE hacen la alternancia. Todos esos partidos nacieron y se han consolidado con el total apoyo de los empresarios y del capitalismo internacional. Cuando fue bombardeado e invadido Irak por el gobierno de Bush, lo acompañaban Blair de Inglaterra y Aznar (PP) de España. Casualmente estaba en Madrid y pude participar en por lo menos cinco grandes manifestaciones contra los EEUU y contra el gobierno español de Aznar. Pensé y escribí que éste caería por la gran oposición a la guerra. No solo no cayó sino que estaba listo el PP para ganar (de acuerdo a las encuestas) y perdió por las bombas asesinas en la estación de Atocha.

3. Sin embargo debe darse una explicación acerca de lo que sucede en España y por qué Zapatero ha sido "obligado" a traicionar a los trabajadores. En primer lugar la gran burguesía y las clases medias españolas son muy reaccionarias, es decir, persiste entre ellas el pensamiento franquista que las dominó en 1939-76. Por conocer a muchos anarquistas y refugiados españoles, por varias revistas

avanzadas (Viejo Topo, Transición, Cambio 16, Testimonios y conocer las películas de Saura, Erice, etcétera, pensé durante varios años que España era como una olla hirviendo a punto de rebozar reclamando libertad en todos los campos. Pero desde la participación de España junto a Bush, la permanente persecución y encarcelamientos contra ETA, el cállate del rey a Chávez, el juicio franquista contra el derechista Juez Garzón y ahora Zapatero, estoy plenamente seguro que en España sigue muy vivo el fascista Franco.

4. ¿Qué contiene la Ley Zapatero? El gobierno, para defenderse dice: "Estamos en el tránsito a una nueva era reformista". Le preguntan: ¿No cree el gobierno que la reforma laboral -la más que probable reforma del sistema de pensiones, la reducción del gasto social o la congelación de las pensiones- suponga abandonar la posición de izquierdas? Responde el gobierno: "Somos de izquierdas pero somos responsables y decidimos más allá del populismo de pacotilla de otros. Cuando hablamos de cambiar el sistema de pensiones, lo que hacemos es asegurar el futuro del Estado de bienestar, garantizar que dentro de 30 años se pueda seguir cobrando una pensión. O vamos por este camino o las

dificultades serán mayores. Hemos vivido por encima de nuestras posibilidades. Tendremos que acostumbrarnos a ser más pobres; todos tendremos un poco menos, los ciudadanos y las administraciones".

5. Buena demagogia y muy cínica, lean al gobierno de Zapatero: "Tendremos que acostumbrarnos a ser pobres", pero lo que no dice es que la Ley que han aprobado le da todas las facilidades a los empresarios para desemplear a los trabajadores sin más trámites y sin liquidación justa. No dice que se intensifica la producción sin garantía alguna de repartición de utilidades, ni tampoco que con esas medidas se destruirá la sindicalización y la defensa colectiva de los trabajadores. Al parecer ha surgido un supuesto divorcio definitivo entre la izquierda y Zapatero, presidente del Gobierno. Mientras en el Congreso arreciaban las críticas por la «pérdida absoluta de sensibilidad social» en La Moncloa y los grupos de la izquierda ratificaban su voto en contra de la convalidación del Real Decreto-Ley este martes 22 en el Pleno, el secretario general de Comisiones Obreras, Ignacio Pérez Fernández, advertía en Punto Radio que España necesita «un cambio importante de Gobierno».

6. No le será nada difícil al PP recuperar el gobierno porque Zapatero –el "socialista" socialdemócrata- está por los suelos. Pero ha sido igual a otros socialistas de pacotilla o socialdemócratas como Brand, Mitterand, Palme, Felipe González, Bachelet, que en sus presidencias sólo estuvieron al servicio del capitalismo. Este tipo de personajes que han servido para prolongar la vida del sistema electoral capitalista, así como para engañar a tontos con el fantasma de la derecha. Han hecho mucho mal endulzando los oídos de los trabajadores con sus discursos demagógicos, aunque con sus prácticas al servicio del capital. ¿No se recuerda acaso que cuando Hugo Chávez denunció al fascista gobierno español de Aznar, el rey y el mismo Zapatero salieron violentamente a su defensa tratando que silenciar al gobernante venezolano? Lo que pasa en España es que los franquistas han recuperado los fueros que siempre han reclamado.

7. En México el mejor identificado con esa socialdemocracia traidora de Zapatero el es PRD de Ortega, pero aún no le hacen caso porque sólo representa un 10 por ciento de los votos. Es el PRI –en su ala "progresista"- quien

ha estado más cerca de ellos durante muchos años. El PAN ha pertenecido a la corriente socialcristiana, en la que se agrupan los Aznar, Frei y otros personajes de extrema derecha y clericales. Lo que ha hecho Zapatero en España contra los trabajadores es lo mismo que Calderón, el PRI y los empresarios quieren hacer contra los trabajadores mexicanos: imponerle una Ley del Trabajo sin contrato colectivo, con contratos temporales individuales, sin prestaciones y con salarios de hambre. Lo que sucede es que aunque minoritarios los grupos de izquierda radical se mueven y en México –divididos- hacemos el ridículo frente a la burguesía que se carcajea de nosotros.

Viernes, 20 de agosto de 2010

Sobre el papel de las fuentes "confiables" de la agresión mediática

Alberto Maldonado
(especial para ARGENPRESS.info)

Hace pocas semanas, la prensa continental (en diversos espacios y tonos) difundió una información proveniente del Departamento de Estado de Estados Unidos, según la cual varios países del mundo, entre ellos Cuba, han sido nuevamente encasillados entre los promotores de terrorismo, en el mundo.

¿La fuente de información? desde luego, el susodicho Departamento de Estado que, desde hace años, se ha arrogado una suerte de juez supremo mundial no solo en asuntos de terrorismo sino en asuntos económicos, de riesgo, de libertad y de democracia. Para ello usa sus organismos oficiales, a los que les da el timbre de impolutos; sobre el bien y el mal. No hace falta decir que los propios Estados Unidos y sus más fieles aliados (como Colombia, México, Chile) jamás aparecen en tales listas a pesar de que hay evidencias más que contundentes que dicen exactamente lo contrario.

Recordemos:

En materia de terrorismo, hace décadas que no se ha "filtrado" algún síntoma de que en la propia Cuba o fuera de ella, se hayan ensayado actos criminales de este tipo. Al contrario, contra Cuba se ha ensayado toda clase de agresiones y de terrorismo de la peor especie. Casi todos ellos, originados, financiados, programados, desde Estados Unidos, especialmente desde la base cubano-americana que recibe anualmente millonarios recursos de los contribuyentes norteamericanos. Ni las "damas de blanco" ni la "bloguera solitaria", ni los acuciosos corresponsales acreditados en la isla, han señalado, con pruebas, un solo caso que pudiera encestarse en esta clasificación.

Al contrario, los periodistas cubanos suelen conmemorar el asesinato del periodista ecuatoriano Carlos Bastidas, ocurrido en abril/1958, meses antes del triunfo revolucionario. Ese crimen, que quedó impune porque sus autores materiales e intelectuales alcanzaron a huir a Miami (EE.UU.) cuando el triunfo revolucionario (enero 1/1959) fue el último que se cometió en la isla contra un periodista, en el último medio siglo. Eso, desde

185

luego, no lo reconocen ni el Departamento de Estado; peor, mucho peor, la SIP-CIA, el grupo de diarios de América (GDA) o los medios sipianos del sistema.

En cambio, un jurado yanqui (del país que se autocalifica del más libre y justo del mundo) condenó a bestiales penas de prisión a CINCO CUBANOS ANTITERRORISTAS (uno, a doble prisión perpetua) por haber cometido "el crimen" de espiar para su país los planes y preparativos TERRORISTAS que la mafia cubano-americana preparaba contra la isla. Y, en la misma ciudad, se pasean "libre y democráticamente" criminales, terroristas y ladrones no solo de Cuba sino de casi todos nuestros países. Contra ellos, la impoluta justicia norteamericana, no solo que se niega a procesarlos sino que se niega a extraditarlos. Tal el caso de Luis Posada Carriles, el criminal y terrorista que es reclamado por Venezuela para que responda por los crímenes que en ese país cometió antes de que llegue la revolución bolivariana. Y como este asesino, muchos más.

¿A dónde quiero llegar? Pues a demostrar (con un solo hecho y comprobado, de los cientos que hay) que la agresión mediática se da mediante el recurso de citar fuentes de información "de las que no hay duda alguna" En este caso, el

Departamento de Estado de Estados Unidos. Y para que a nadie le quede la menor duda de cómo se manejan estas fuentes informativas, hasta el año 2008 funcionaba en Europa una Comisión de Derechos Humanos nada menos que de las Naciones Unidas, que, religiosamente, incluía (sin fundamento alguno) a Cuba en una lista de países (todos del "eje del mal") que cometían actos contrarios a estos derechos universales. La desfachatez llegó a tal punto que la Asamblea General de las NN.UU. (cerca de 200 miembros) resolvió disolver esa comisión y crear otro organismo que, en realidad, cumpla este propósito con alguna credibilidad.

Sin ir muy lejos, el Ecuador, solo porque tiene de Presidente a un Rafael Correa que tiene un discurso crítico, frente al imperio y los imperitos, por dos ocasiones, en fechas recientes, fue encasillado entre los países "dudosos y de riesgo" por organismos regionales y mundiales.

Contra Venezuela, el Departamento de Estado, la OEA y sus "relatorías" no se cansan de lanzar dardos, sin ninguna fundamentación. Lo mismo contra Evo Morales y Bolivia; contra Daniel Ortega y Nicaragua. En cambio, no dicen ni poco ni nada contra Chile, en donde aún arremete la represión antipopular; contra el

Perú, en donde las fuerzas represivas masacraron una manifestación de indígenas orientales y se denuncian actos de corrupción al por mayor; mucho menos contra Colombia, de Álvaro Uribe, y sus "falsos positivos" o sus fosas comunes con más de dos mil asesinados por el militarismo reinante. Alguna observación se formula (eso también porque mataron a dos agentes norteamericanos antidrogas) contra México, en donde hay el espeluznante promedio de por lo menos 10 asesinatos diarios, especialmente en zonas de frontera con Estados Unidos.

Queda claro que el terrorismo mediático en América Latina cuenta con "fuentes de información" de confianza y de cuya autoridad "nadie puede dudar" Y, desde luego, los medios sipianos, por su propia cuenta, ponen también lo suyo, como ese "reportaje colectivo" que publicaron hace un par de meses, los periódicos que forman parte del Grupo de Diarios de América (uno de los organismos patrocinados por la SIP-CIA) sobre que el narcotráfico se paseaba, sin obstáculos, en Ecuador y Venezuela, lo mismo que los denominados "terroristas de las FARC y el ELN" Seríamos ingenuos sin remedio si creyéramos que ese reportaje nada tuvo que ver son las agresiones mediáticas que se dieron contra Ecuador y que, luego, cuando agonizaba el gobierno de Álvaro Uribe, se proyectó contra Venezuela, "con pruebas" que fueron manipuladas en el seno del Comité Permanente de la OEA, que para eso está.

Vamos entendiendo ahora cómo opera en nuestros países (y por extensión, en el mundo entero) eso que hace un par de años comenzó a tipificarse como "terrorismo mediático" Es decir, instituciones locales, regionales y mundiales, que generan acusaciones infundadas, con frecuencia ridículas, y los medios –ni cortos ni perezosos- que se hacen eco de ellos y los retransmiten sin más a millones de lectores, televidentes y radioescuchas, como "verdades inapelables" que no admiten duda alguna.

Simple y llanamente es parte de lo que se denomina "terrorismo mediático" un terrorismo mediático que nació contra la ex URSS, que se ha desarrollado sin escrúpulos contra la revolución cubana, que ahora "enfrenta sin límites" a la revolución Bolivariana de Hugo Chávez, y que arremete contra todo gobierno (Evo, en Bolivia; Correa, en Ecuador; Ortega, en Nicaragua; y hasta la inocente Cristina en Argentina) que "ose" cuestionar al gran imperio de EE.UU. o que dude de las "bondades" del neoliberalismo o que "atente" contra la "libertad y la democracia",

Sobre esto ultimo, personajes de la famosa OEA, de la SIP y hasta de las Naciones Unidas no descansan en pretender decirnos qué es lo bueno y qué es lo malo en el trámite de la ley de comunicación que debe dictarse por mandato constitucional. Y los diarios sipianos (con El Comercio de Quito, a la cabeza)

son "generosos" en conceder espacios a esas fuentes informativas que luego generan editoriales, artículos de opinión, recomendando a la Asamblea Nacional que no dejen de tomar en cuenta tan "sabios consejos" ya que los que se generan a nivel local y nacional, no son suficientes.

Todo porque no se dicte nunca una ley de comunicación, vieja tesis de la ultra derecha terrorista de América Latina

INDICE

Pág.

094- Según una publicación médica, no se deben usar aspirinas para prevenir ataques cardíacos.

a los empresarios

171- Sobre el papel de las fuentes "confiables"
de la agresión mediática